中等职业教育“十二五”规划教材

数　学

（基础模块）

上册

何润芳　赵国平　主编

科学出版社

北　京

内 容 简 介

本书根据中等职业教育“十二五”规划教材数学教学大纲要求编写，以应用为目标，以必要、适用为出发点，遵循教学大纲对认知和技能及学生数学能力要求的规定，充分考虑中职学校教学和学生生源特点，对教材内容进行编排.

本书共分 6 章，第 1 章讲述集合的基本概念和运算，并简洁地介绍了常用的逻辑术语；第 2 章为不等式，主要内容有不等式的概念、不等式的性质、一元一次和一元二次不等式的解法；第 3 章讲述函数的一般概念和性质；第 4 章和第 5 章分别讲述指数函数、对数函数和三角函数，重点讲述这些函数的性质，特别是运算性质；第 6 章为数列，主要讲述了数列的概念、等差数列、等比数列的通项公式及前 n 项和公式.

本书可供中等职业学校第一学期公共基础课数学课程学习使用.

图书在版编目(CIP)数据

数学：基础板块. 上册/何润芳，赵国平主编. —北京：科学出版社，2011.8
（中等职业教育“十二五”规划教材）
ISBN 978-7-03-031880-0

Ⅰ. ①数… Ⅱ. ①何… ②赵… Ⅲ. ①数学课-中等专业学校-教材
Ⅳ. ①G634.601

中国版本图书馆 CIP 数据核字（2011）第 142378 号

责任编辑：熊远超　范成瑞 / 责任校对：马英菊
责任印制：吕春珉 / 封面设计：耕者设计工作室

科学出版社 出版
北京东黄城根北街 16 号
邮政编码：100717
http://www.sciencep.com

北京京华虎彩印刷有限公司 印刷
科学出版社发行　各地新华书店经销
*
2011 年 8 月第 一 版　开本：787×1092 1/16
2017 年 8 月第三次印刷　印张：8 3/4
字数：189 700

定价：22.00 元

（如有印装质量问题，我社负责调换〈京华虎彩〉）
销售部电话 010-62134988　编辑部电话 010-62135763-2021

序 Preface

何润芳、赵国平同志从事中职院校数学教学二十年，积累了丰富的教学经验．他们根据中职院校学生的学习特点和自己的教学实践，编写了这本供中职院校新生第一学期使用的数学教材．该教材内容共有 6 章．第 1 章讲述关于集合的基本概念和运算，并简洁地介绍了常用的逻辑术语．第 2 章为不等式，主要内容有不等式的概念、不等式的性质、一元一次不等式和一元二次不等式的解法．第三章讲述关于函数的一般概念和性质．第 4 章、第 5 章分别讲述了指数函数、对数函数和三角函数，重点讲述了这些函数的性质，特别是运算性质．第 6 章为数列，主要内容有数列的概念、等差数列及其通项公式和部分和公式、等比数列及其通项公式和部分和公式．

这部教材在内容、结构和形式上都有其特色．首先该教材精选了传统的数学内容，适当增加了近现代数学知识，并且注重现代数学思想方法的渗透，注重数学知识的应用，注重计算器在计算方面的作用，充分体现了教材大纲所要求的基础性、实用性和发展性三方面的和谐统一和“拓宽基础、强化能力、注重应用”的编写原则．其次针对中职院校学生的实际基础和学生的接受能力，该教材在编排结构上始终坚持了先易后难、从简到繁的原则，并且在基本概念、基本结论和基本方法的处理上注重运用重点突出、难点分散的原则，因而十分便于学生的学习．此外该教材还配有大量的插图，并且在每一章后都附有数学家的故事，以增加学生对数学大师及其成就的了解，因而在形式上具有图文并茂、活泼多样的特点．

这本教材是具有创新精神的中等职业教育“十二五”规划教材．它的出版为全国中职院校的广大师生提供了新选择．

王才士

2011 年 6 月 5 日

于兰州

前言
Foreword

数学是研究数量、结构、变化以及空间模型等概念的一门学科. 在以“服务为宗旨，就业为导向”的办学方针指导下，本书编写组根据“十二五”规划中职数学教学大纲的要求，结合中职学生的实际情况及教师的教学体会，以培养应用型、技能型人才为出发点而编写了本书. 本书编写的目的是使中职学生掌握必要的数学基础知识，具备必需的相关技能与能力，为学生学习专业知识、掌握职业技能、继续学习和终身发展奠定基础.

本书在坚持教学大纲要求的基础上，在编写上充分体现与时俱进的编写特色：

（1）语言通俗易懂. 根据中职学校学生的年龄特征、心理特点及数学基础，本书对数学概念的阐述在保证逻辑严谨的前提下尽可能通俗易懂.

（2）从具体到抽象. 考虑到中职学生的数学基础，本书在内容编写上，对数学新概念的引入采取先事例后概念的处理方法或者用故事的形式展开，使学生消除对学习数学的排斥心理.

（3）优化教学内容. 本书在保证数学逻辑的基础上，不刻意追求学科体系的完整性，降低教材难度，体现“必需、够用、实用”的思想.

（4）强化教学内容. 考虑到中职学生教学课程实训内容的增强和上岗实习时间的延长，考查大多数学校对数学课程的教学安排，本书内容在保证不影响学生学习文化知识的前提下，对内容进行了压缩，所以要求在第一学期公共基础课程教学中完成.

（5）内容体现应用、技能特色. 本书以实际应用为出发点，按照培养技能型人才、实用性人才所需数学知识的要求编写，在例题、习题内容中列举生产生活中学生了解或感兴趣的例子，避免了以往数学教材理论第一的枯燥状况.

（6）强化实际应用训练. 本书在编写过程中充分考虑学生将来的就业环境和岗位情况，在知识点应用训练中模拟生产生活中的实际问题和学生熟知的一些时事，使学生理解数学学习在今后工作中的重要性，进而激发学生学习数学的兴趣.

（7）在阐述计算器的相关内容中增加了计算器应用方法的介绍.

（8）每章后都附有一位数学家的故事，作为学生的励志阅读内容.

本书共 6 章，内容分为集合及常用逻辑术语、不等式、函数、指数函数与对数函数、三角函数、数列，书后附有常用数学公式、常用计量单位换算、常用对数表等，方便学生在学习中查阅．学习本书内容约需 72 学时．

本书的主要编写人员为职业院校的数学教授、一线数学教师和部分理工科专业教师．本书由何润芳、赵国平担任主编，何润芳、赵国平、陈公良、付冬玲、丁磊等共同编写．

定西师范高等专科学校数学教授张怀德老师为本书臻于完善提出宝贵修改意见，西北师范大学数学与信息科学学院博士生导师王才士教授为本书作序，在此表示衷心感谢！

由于编者水平有限，书中难免存在错误之处，敬请读者提出宝贵意见和建议．

目录

第1章 集合及常用逻辑述语

附录

第 1 章

集合及常用逻辑述语

本章导读

在我们日常生活和工作中，常常要把一些具有共同属性的事物归类，归类的数学思想就是本章要学习的集合的概念. 集合与常用逻辑述语的初步知识是中职数学学习的基础，也是基本的数学语言和概念，对后面将要学习的不等式的解集表示、函数的定义域等相关知识非常重要.

1.1 集合的概念

1.1.1 集合与元素

我们先看下面几个实例：

（1）我们班正在上数学课的全体同学；

（2）我们这学期开设的课程；

（3）奥运会的所有比赛项目；

（4）不等式 $2x-1>3$ 的解.

观察上面各例所反映的内容，都体现了一种整体概念：

（1）“我们班正在上数学课的全体同学”构成一个班集体；

（2）“我们这学期开设的课程”构成本学期要学课程的整体；

（3）“奥运会的所有比赛项目”构成一个整体；

（4）“不等式 $2x-1>3$ 的解”是满足不等式的一系列数构成的整体.

这些整体就是今天我们要学习的集合的概念.

一般地，我们把某些具有共同特征的确定的对象组成的整体称为集合，简称**集**，这些对象称为该集合的**元素**.

通常，采用大写英文字母 A，B，C，…表示集合，用大括号将它的元素括为一个整体. 用小写字母 a，b，c，…表示集合的元素. 如“四大洋”构成的集合 A 可以表示为{太平洋，大西洋，印度洋，北冰洋}，自然数构成的集合 $\mathbf{N}$ 可以表示为 $\{0, 1, 2, 3, 4, 5, \cdots\}$.

若 a 是集合 A 的元素，就记作 $a\in A$，若 a 不是 A 的元素，就记作 $a\notin A$.

从以上例子我们可以看出，集合的元素具有**确定性**、**唯一性**、**无序性**三个特征，即集合的元素是确定的、不重复的，在用大括号将集合的元素括成整体时，这些元素并没有先后之分.

【例 1.1.1】下列对象能否构成集合？

（1）所有小于 10 的自然数；

（2）我们班漂亮的女孩子；

（3）方程 $x^2-1=0$ 的所有解；

（4）不等式 $x-2>0$ 的所有解.

解：（1）因为小于 10 的自然数是确定的对象，所以它们可以构成集合；

（2）因为“漂亮”没有具体标准，所以“我们班漂亮的女孩子”是不确定的对象，因此不能构成集合；

（3）方程 $x^2-1=0$ 的所有解是 -1 和 1，它们是确定的对象，所以构成一个集合；

（4）不等式 $x-2>0$ 的所有解是 $x>2$，这些数虽然有无数个，但仍然是确定的，所以它们构成一个集合.

从以上例子可以看出，有些集合的元素是有限的，这样的集合被称为**有限集**，如

(1),(3);有些集合的元素有无数个,这样的集合被称为**无限集**,如(4).我们把由数构成的集合称为**数集**.

1.1.2 常见的数集

由全部自然数构成的集合称为自然数集,记作 $\mathbf{N}$.

由全部正整数构成的集合称为正整数集,或非零自然数集,记作 $\mathbf{N}^*$(或 $\mathbf{N}^+$).

由全部整数构成的集合称为整数集,记作 $\mathbf{Z}$.

由全部有理数构成的集合称为有理数集,记作 $\mathbf{Q}$.

由全部无理数构成的集合称为无理数集,记作 $\mathbf{Q}^-$.

由全部实数构成的集合称为实数集,记作 $\mathbf{R}$.

为了逻辑上的方便,我们规定,存在不含有任何元素的集合,这样的集合称为空集,记作 $\varnothing$.

课堂练习

用符号"$\in$"或"$\notin$"填空.

(1)-3________$\mathbf{N}$,　0.5________$\mathbf{N}$,　3________$\mathbf{N}$;

(2)1.5________$\mathbf{Z}$,　-5________$\mathbf{Z}$,　3________$\mathbf{Z}$;

(3)-0.2________$\mathbf{Q}$,　π________$\mathbf{Q}$,　π________$\mathbf{Q}^-$;

(4)1.5________$\mathbf{R}$,　-1.3________$\mathbf{R}$,　π________$\mathbf{R}$.

1.1.3 集合的表示方法

1. 列举法

在前面的学习中,有时将集合的所有元素都一一列举出来,放在大括号中,这种表示集合的方法称为**列举法**.如全体正偶数构成的集合用列举法表示为$\{0, 2, 4, 6, 8, \cdots\}$,不大于 10 的正奇数构成的集合用列举法表示为$\{1, 3, 5, 7, 9\}$.

2. 描述法

有些集合用列举法表示并不方便,如 $x-3<0$ 的解是 $x<3$,用列举法表示解的集合比较困难,因此人们用另一种方法来表示集合,即把集合中元素的共同特征描述出来.这种方法称为**描述法**.具体方法是在大括号中写出一个代表元素,再画一条竖线,在竖线的右侧写出元素所具有的共同特征.如 $x-3<0$ 的解集表示为$\{x|x<3, x\in\mathbf{R}\}$.

在本书中,如果不特别说明,一般将"$x\in\mathbf{R}$"省略,默认 x 是实数.

【例 1.1.2】用描述法表示下列各集合.

(1)不等式 $2x+1\leqslant 0$ 的解集;

(2)所有奇数构成的集合;

(3)所有偶数构成的集合;

(4)由第一象限所有的点构成的集合.

解：（1）不等式 $2x+1\leqslant 0$ 的解为 $x\leqslant -\frac{1}{2}$，所以不等式 $2x+1\leqslant 0$ 的解集为

$$\left\{x \mid x\leqslant -\frac{1}{2}\right\};$$

（2）奇数是不能被 2 整除的整数，也就是比 2 的倍数大 1 或小 1 的整数，因此，所有奇数构成的集合为

$$\{x \mid x=2k+1,\ k\in \mathbf{Z}\};$$

（3）偶数是能被 2 整除的整数，也就是 2 的倍数，因此，所有偶数构成的集合为

$$\{x \mid x=2k,\ k\in \mathbf{Z}\};$$

（4）第一象限的点是指纵坐标和横坐标都大于 0 的点，因此，由第一象限的点构成的集合为

$$\{(x,\ y) \mid x>0,\ y>0\}.$$

课堂练习

1. 用列举法表示下列集合.

（1）大于 3 小于 11 的全体偶数；

（2）平方等于 1 的全体实数；

（3）一年中有 31 天的月份的全体；

（4）方程 $x^2-3x-4=0$ 的解集；

（5）由数 1，4，9，16，25 组成的集合；

（6）全体正奇数组成的集合；

（7）全体负偶数组成的集合；

（8）全体整数组成的集合.

2. 用描述法表示下列集合.

（1）由兰州这一个城市构成的集合；

（2）方程 $x^2-2x+3=0$ 的解集；

（3）不大于 3 的全体实数；

（4）大于 5 的所有偶数组成的集合；

（5）不等式 $2x-5>3$ 的解集；

（6）不大于 5 的所有奇数组成的集合.

3. 用适当的方法表示下列集合.

（1）构成英语单词“mathematics”（数学）的字母的全体；

（2）方程 $x^2+5x+6=0$ 的解集；

（3）在自然数集内，小于 1000 的奇数构成的集合；

（4）绝对值等于 3 的实数的全体.

习题 1.1

1. 用符号 $\in$ 或 $\notin$ 填空.

(1) 若 $A=\{x \mid x^2=x\}$，则 -1 ______ A；

(2) 若 $B=\{x \mid x^2+x-6=0\}$，则 3 ______ B；

(3) -1 ______ $\mathbf{Z}$；

(4) $-\frac{1}{2}$ ______ $\mathbf{Z}$.

2. 指出下列各集合中，哪些是空集？哪些是有限集？哪些是无限集？

(1) $\{x \mid x+1=0\}$；　　(2) $\{x \mid x^2+1=0\}$；

(3) $\{(x, y) \mid x=y\}$；　　(4) $\{x \mid -5 \leqslant x<0\}$.

3. 用列举法表示下列各集合.

(1) 所有的正整数组成的集合；

(2) 绝对值小于 4 的所有整数组成的集合；

(3) 方程 $3x-5=1$ 的解集；

(4) 方程 $x^2+3x-4=0$ 的解集.

4. 用描述法表示下列各集合.

(1) 绝对值小于 4 的所有实数组成的集合；

(2) y 轴上的所有点组成的集合.

5. 用适当的方法表示下列各集合.

(1) 被 4 除余数为 1 的所有自然数组成的集合；

(2) 大于 -4 且小于 8 的所有整数组成的集合；

(3) 组成中国国旗图案的颜色构成的集合；

(4) 世界上最高的山峰构成的集合.

6. 把下列集合用另一种方法表示出来.

(1) $\{1, 5\}$；　　(2) $\{x \mid x^2+x-1=0\}$；

(3) $\{2, 4, 6, 8\}$；　　(4) $\{x \in \mathbf{N} \mid 3<x<7\}$.

1.2　集合之间的关系

1.2.1　子集

在前面的学习中我们发现，有些集合之间存在一种特殊关系，如集合 $A=\{$数学，语文，英语，计算机应用基础，体育与健康，物理，化学$\}$，$B=\{$数学，语文，英语，计算机应用基础$\}$，显然，集合 B 的元素都是集合 A 的元素. 这时，我们称集合 B 是集合 A 的子集.

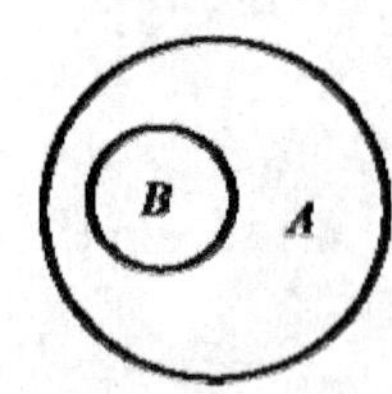

图 1-1

一般地，如果集合 B 的元素都是集合 A 的元素，那么把集合 B 称为集合 A 的**子集**，记作 $B\subseteq A$（或 $A\supseteq B$），读作“B 包含于 A”或“A 包含 B”.

集合 B 是集合 A 的子集，可以用图 1-1 直观地表示，两个封闭曲线的内部分别表示集合 A，B.

由子集的定义可知，任何集合都是它自身的子集，即 $A\subseteq A$.

规定：空集是任何集合的子集，即对任意集合 A，有 $\varnothing\subseteq A$.

【例 1.2.1】 用符号“$\in$”，“$\notin$”，“$\subseteq$”，“$\supseteq$”填空.

（1）$\{a, b, c, d\}$______ $\{a, b\}$；

（2）$\varnothing$______$\{1, 2, 3\}$；

（3）$\mathbf{N}$______$\mathbf{Q}$；

（4）0______$\mathbf{R}$；

（5）d ______$\{a, b, c\}$；

（6）$\{x|3<x<5\}$ ______$\{x|0\leqslant x<6\}$.

解：（1）显然集合$\{a, b\}$的元素 a，b 都是集合$\{a, b, c, d\}$的元素，因此

$$\{a, b, c, d\}\supseteq\{a, b\};$$

（2）空集是任何集合的子集，因此

$$\varnothing\subseteq\{1, 2, 3\};$$

（3）因为自然数都是有理数，因此

$$\mathbf{N}\subseteq\mathbf{Q};$$

（4）0 是实数，所以，$0\in\mathbf{R}$；

（5）显然 d 不是集合$\{a, b, c\}$的元素，因此

$$d\notin\{a, b, c\};$$

（6）显然满足 $3<x<5$ 的数都满足 $0\leqslant x<6$，即集合$\{x|3<x<5\}$的元素都是集合$\{x|0\leqslant x<6\}$的元素，因此

$$\{x|3<x<5\}\subseteq\{x|0\leqslant x<6\}.$$

课堂练习

用符号“$\in$”，“$\notin$”，“$\subseteq$”，“$\supseteq$”填空.

（1）$\mathbf{N}^*$______$\mathbf{Z}$；　　（2）$\{0\}$______$\varnothing$；

（3）a ______$\{a, b, c\}$；　　（4）$\{2, 3\}$______$\{2\}$；

（5）0______$\varnothing$；　　（6）$\{x|1<x\leqslant 2\}$______$\{x|-1<x<4\}$.

1.2.2 真子集

在【例 1.2.1】(1) 中，集合 $\{a, b\}$ 的每一个元素都是集合 $\{a, b, c, d\}$ 的元素，但集合 $\{a, b, c, d\}$ 中还有元素 c，d 不是集合 $\{a, b\}$ 的元素，这时我们把集合 $\{a, b\}$ 称为集合 $\{a, b, c, d\}$ 的真子集.

一般地，若集合 B 是集合 A 的子集，并且集合 A 中至少有一个元素不是 B 的元素，我们把 B 称为 A 的**真子集**．记作 $B \subset A$ 或 $A \supset B$，读作"B 真包含于 A"或"A 真包含 B". 也就是说，集合 B 的元素都是集合 A 的元素，但集合 A 中至少有一个元素在集合 B 中没有.

显然，空集是任何非空集合的真子集.

因此，考虑一个集合的子集或真子集时，不能忽略空集.

【例 1.2.2】设集合 $M=\{0, 1, 2\}$，试写出 M 的所有子集和真子集.

解：集合 M 中有 3 个元素，根据子集的定义，空集，含有 0、1、2 中任意一个数的集合或含有 0、1、2 中任意两个数的集合及含有 0、1、2 三个数的集合都是集合 M 的子集，因此，集合 M 的子集为

$$\varnothing, \{0\}, \{1\}, \{2\}, \{0, 1\}, \{0, 2\}, \{1, 2\}, \{0, 1, 2\}.$$

所以，集合 M 的真子集为 $\varnothing$，$\{0\}$，$\{1\}$，$\{2\}$，$\{0, 1\}$，$\{0, 2\}$，$\{1, 2\}$.

课堂练习

1. 设集合 $A=\{c, d\}$，试写出 A 的所有子集，并指出其中的真子集.
2. 设集合 $A=\{x \mid x<6\}$，集合 $B=\{x \mid x<0\}$，指出集合 A 与集合 B 之间的关系.

1.2.3 集合的相等

我们看下列两个集合 A 和 B，$A=\{x \mid x^2=4\}$，$B=\{-2, 2\}$，显然集合 A 的元素为 $x=-2$ 或 $x=2$，所以两个集合的元素完全一样，这就是集合之间的相等关系.

一般地，如果两个集合的元素完全相同，则称这两个集合相等，记作 $A=B$.

如果 $A \subseteq B$，即 A 的元素都是 B 的元素，同时 $B \subseteq A$，即 B 的元素都是 A 的元素，由集合相等的定义可知 $A=B$.

【例 1.2.3】判断集合 $A=\{x \mid |x|=2\}$ 与集合 $\{x \mid x^2=4\}$ 的关系.

解：由 $|x|=2$ 得 $x=-2$ 或 $x=2$，所以 $A=\{-2, 2\}$；

由 $x^2=4$ 得 $x=-2$ 或 $x=2$，所以 $B=\{-2, 2\}$．所以 $A=B$.

课堂练习

用符号"$\in$"，"$\notin$"，"$\subseteq$"，"$\supseteq$"，"$=$"，"$\subset$"，"$\supset$"填空.

(1) $\{1, 3, 5\}$ ______ $\{1, 2, 3, 4, 5\}$；　(2) $\{x \mid x^2=9\}$ ______ $\{-3, 3\}$；

(3) 0 ______ $\{1, 3\}$；　(4) $\{0\}$ ______ $\varnothing$；

(5) a ______ $\{a\}$；　(6) $\{2, 4, 6\}$ ______ $\{4, 6\}$.

习题 1.2

1. 用符号"$\in$"，"$\notin$"，"$\subseteq$"，"$\supseteq$"，"$\subset$"，"$\supset$"填空.

（1）-2.5 ______ $\mathbf{Z}$；（2）1 ______ $\{x|x^3=1\}$；

（3）$\{a\}$ ______ $\{a, b, c\}$；（4）$\mathbf{Z}$ ______ $\mathbf{N}$；

（5）$\mathbf{N}^*$ ______ $\mathbf{Q}$；（6）$\varnothing$ ______ $\{x|x<-4\}$.

2. 用符号"$\subseteq$"，"$\supseteq$"，"$=$"填空.

（1）$\mathbf{N}^*$ ______ $\mathbf{N}$；（2）$\{5, 6, 9\}$ ______ $\{9, 6, 5\}$；

（3）$\{-\sqrt{3}, \sqrt{3}\}$ ______ $\{x|x^2=3\}$；（4）$\{2, 4, 6\}$ ______ $\{4, 6\}$.

3. 指出下列各题中集合之间的关系.

（1）集合$\{x|x^2-6x+8=0\}$与集合$\{2, 3, 4, 5\}$；

（2）集合$\{x|2\leqslant x\leqslant 6\}$与集合$\{2, 3, 4, 5, 6\}$；

（3）集合$\{x|2\leqslant x\leqslant 6\}$与集合$\{x|2<x<6\}$；

（4）集合$\{x|x^2-3x-10=0\}$与集合$\{-2, 5\}$.

4. 讨论下列各题中集合之间的关系.

（1）集合$A=\{x|x=2k, k\in\mathbf{Z}\}$与集合$B=\{x|x=4k, k\in\mathbf{Z}\}$；

（2）集合$A=\{x|x=2k+1, k\in\mathbf{Z}\}$与集合$B=\{x|x=4k+3, k\in\mathbf{Z}\}$.

1.3 集合的运算

在 1.2 节中学习集合之间的关系时，我们发现有些集合的元素有相同的部分或者是完全相同的，这些相同的元素可以重新构成一个新集合，我们把这样的新集合看成是原来几个集合的运算结果，这就是本节要学习的交集.

1.3.1 交集

一般地，对于两个给定的集合 A 和 B，由 A 和 B 的公共元素组成的集合称为 A 和 B 的**交集**，记作 $A\cap B$，读作"A 交 B". 即

$$A\cap B=\{x|x\in A且x\in B\}.$$

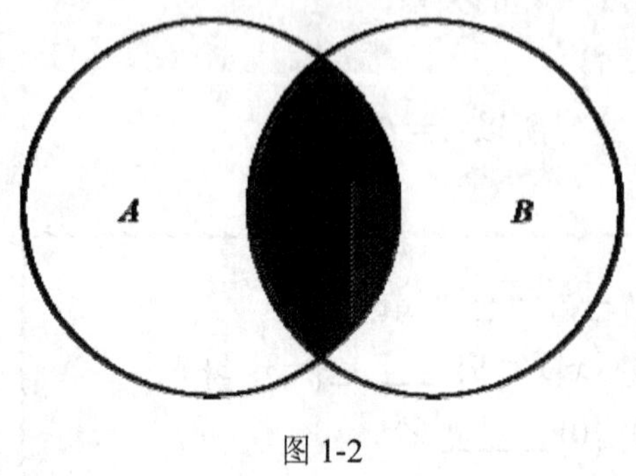

图 1-2

集合 A 与 B 的交集可以用图 1-2 中的阴影部分表示.

根据集合交集的定义，显然有

$$A\cap A=A;$$
$$A\cap\varnothing=\varnothing;$$
$$(A\cap B)\subseteq A,\quad (A\cap B)\subseteq B.$$

【例 1.3.1】 设 $A=\{2, 4, 6\}$，$B=\{-1, 0, 2, 3\}$，求 $A\cap B$.

解： $A\cap B=\{2, 4, 6\}\cap\{-1, 0, 2, 3\}$

$=\{2\}$.

【例 1.3.2】 设 $A=\{(x, y)\mid x+y=0\}$，$B=\{(x, y)\mid x-y=4\}$，求 $A\cap B$.

解： 集合 A 和 B 的元素分别是满足方程 $x+y=0$ 和 $x-y=4$ 的有序数对，而 A 和 B 的交集就是同时满足这两个方程的有序数对，即满足方程组 $\begin{cases}x+y=0\\x-y=4\end{cases}$ 的解集．解方程组得 $\begin{cases}x=2\\y=-2\end{cases}$．所以 $A\cap B=\{(2, -2)\}$.

$A\cap B$ 可以用图 1-3 直观地表示.

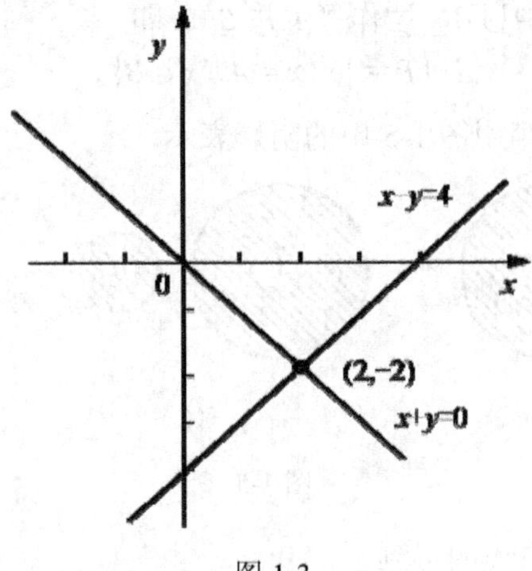

图 1-3

【例 1.3.3】 设 $A=\{x\mid -2<x\leqslant 3\}$，$B=\{x\mid 0<x\leqslant 4\}$，求 $A\cap B$.

解： 将集合 A 和 B 用数轴表示出来，如图 1-4 所示，两个集合的交集是 0 和 3 之间（含 3）的数．所以

$$A\cap B=\{x\mid 0<x\leqslant 3\}.$$

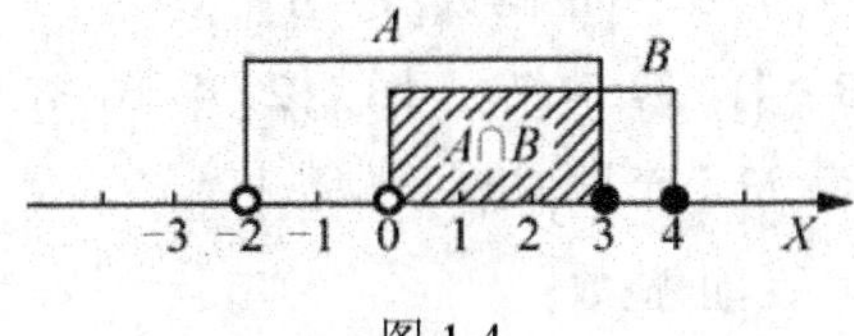

图 1-4

课堂练习

1. 设 $A=\{1, 2, 3, 4, 5\}$，$B=\{1, 3, 5\}$，求 $A\cap B$.
2. 设 $A=\{(x, y)\mid x-2y=1\}$，$B=\{(x, y)\mid x+2y=3\}$，求 $A\cap B$.
3. 设 $A=\{x\mid -2<x\leqslant 2\}$，$B=\{x\mid 0\leqslant x\leqslant 4\}$，求 $A\cap B$.
4. 已知 $A=\{x\mid 0<x\leqslant 1\}$，$B=\{x\mid x>3\}$，求 $A\cap B$.

1.3.2 并集

我们先看以下集合 A，B，C 的关系，已知

$$A=\{1, 3, 5, 7\},\ B=\{2, 4, 6, 8\},\ C=\{1, 2, 3, 4, 5, 6, 7, 8\}.$$

显然，集合 C 的元素是集合 A 和 B 的所有元素．这时，我们称集合 C 是集合 A 和 B 的并集．

一般地，对于两个给定的集合 A 和 B，由集合 A 和 B 的所有元素所组成的集合称为集合 A 和 B 的**并集**．记作 $A\cup B$，读作"A 并 B"．即

$$A\cup B=\{x\mid x\in A 或 x\in B\}.$$

两个集合 A 和 B 的并集用图 1-5 中的阴影表示．

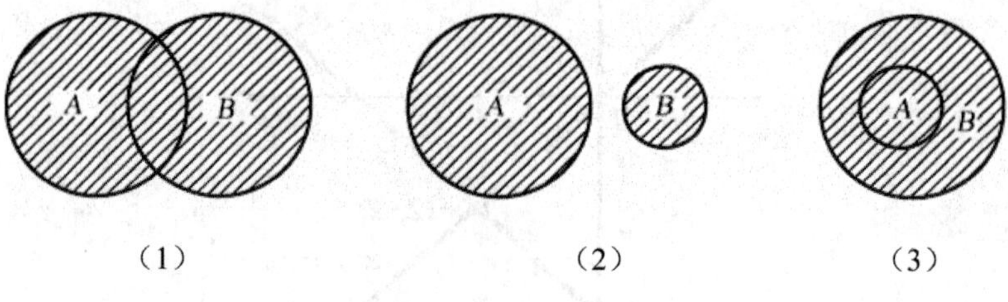

图 1-5

由集合的定义，很容易证明得到

$$A\cup B= B\cup A;$$
$$A\cup A=A;$$
$$A\cup \varnothing=A;$$
$$A\subseteq (A\cup B),\ B\subseteq (A\cup B).$$

【例 1.3.4】设 $A=\{1, 3, 5, 7, \cdots\}$，$B=\{2, 4, 6, 8, \cdots\}$，求 $A\cup B$.

解：由题知 $A=\{正奇数\}$，$B=\{正偶数\}$，则

$$\begin{aligned}A\cup B&=\{1, 3, 5, 7, \cdots\}\cup\{2, 4, 6, 8, \cdots\}\\&=\{正奇数\}\cup\{正偶数\}\\&=\{正整数\}\\&=\mathbf{N}^*.\end{aligned}$$

【例 1.3.5】设 $A=\{x\mid -2<x\leqslant 3\}$，$B=\{x\mid 0<x\leqslant 4\}$，求 $A\cup B$.

解：观察图 1-4，根据并集的定义知

$$A\cup B=\{x\mid -2<x\leqslant 3\}\cap\{x\mid 0<x\leqslant 4\}$$
$$=\{x\mid -2<x\leqslant 4\}.$$

课堂练习

1. 设 $A=\{-2, -4, -6\}$，$B=\{0, 2, 4, 6\}$，求 $A\cup B$.
2. 设 $A=\{x\mid -2<x\leqslant 2\}$，$B=\{x\mid 0\leqslant x\leqslant 4\}$，求 $A\cup B$.
3. 设 $A=\{x\mid x=2k+1, k\in \mathbf{Z}\}$，$B=\{x\mid x=2k, k\in \mathbf{Z}\}$，求 $A\cup B$.

1.3.3 全集和补集

设集合 S 是全班同学的集合，集合 A 是班上所有参加校运动会的同学的集合，集合 B 是班上没有参加校运动会的同学的集合，那么这三个集合之间有什么关系呢？显然，集合 B 是集合 S 中除集合 A 的元素外剩下的所有元素所构成的集合. 这时我们就说集合 S 是全集，集合 B 是集合 A 在集合 S 中的补集.

在研究某些集合时，这些集合常常是一个给定集合的子集，这时这个给定的集合称为**全集**，一般用 U 表示. 如在研究数集时，经常把实数集 $\mathbf{R}$ 看作全集.

设集合 A 是集合 U 的一个子集，即 $A\subseteq U$，由 U 中除 A 的元素以外剩下的所有元素所构成的集合称为集合 A 在 U 中的**补集**，记作 $\complement_u A$，读作"A 在 U 中的补集". 用集合的描述法表示就是 $\complement_u A=\{x\mid x\in U, 且 x\notin A\}$.

根据补集的定义有：

（1）$\complement_u A$ 在 U 中的补集是 A，即 $\complement_u(\complement_u A)=A$；

（2）$A\cup(\complement_u A)=U$；

（3）$A\cap(\complement_u A)=\varnothing$.

图 1-6 阴影部分就是 A 在集合 U 中的补集. 显然 $\complement_u A$ 在 U 中的补集是 A.

例如，若 $S=\{1, 2, 3, 4, 5, 6, 7, 8\}$，$A=\{1, 3, 5, 7\}$，则

$$\complement_s A=\{2, 4, 6, 8\}, \quad \complement_s(\complement_s A)=\{1, 3, 5, 7\}=A.$$

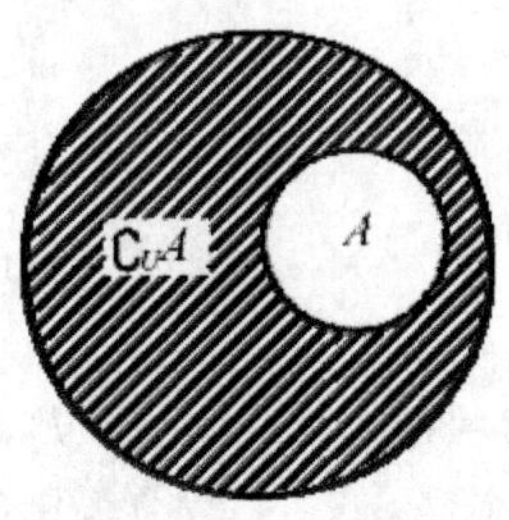

图 1-6

同理，我们可以推出 $\complement_{\mathbf{R}}\mathbf{Q}=\mathbf{Q}^-$.

【例 1.3.6】设 $U=\mathbf{R}$，$A=\{x|-1<x\leqslant 2\}$，求$\complement_u A$．

解： U 是由全体实数构成的集合 $\mathbf{R}$，而 A 是 -1 到 2 之间（含 2）的数构成的集合，根据补集的定义，则$\complement_u A$是除集合 A 的元素以外的数构成的集合．因此

$$\complement_u A=\{x|x\leqslant -1\text{或}x>2\}.$$

以上集合可以用数轴直观地表示出来，如图 1-7 所示．

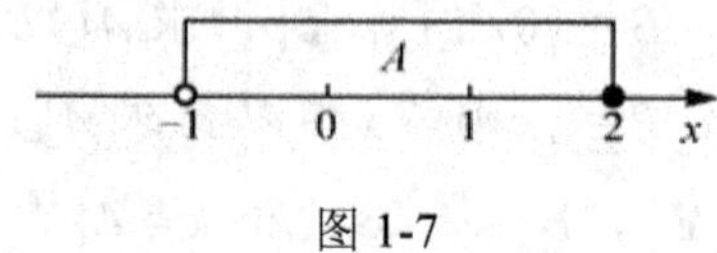

图 1-7

课堂练习

1. 设 $U=\{$小于 10 的所有正整数$\}$，$A=\{2，5，8\}$，求$\complement_u A$．
2. 设 $U=\mathbf{R}$，$A=\{x|-1\leqslant x\leqslant 3\}$，求$\complement_u A$．
3. 设 $U=\{x|x$ 是小于 9 的正整数$\}$，$A=\{1，2，3\}$，$B=\{3，4，5，6\}$，求

（1）$A\cap B$；

（2）$\complement_u(A\cap B)$．

知识点拓展

图 1-8 中 U 是全集，A 和 B 是 U 的两个子集，请用阴影表示以下两式．

（1）$(\complement_u A)\cup(\complement_u B)$；　　（2）$(\complement_u A)\cap(\complement_u B)$．

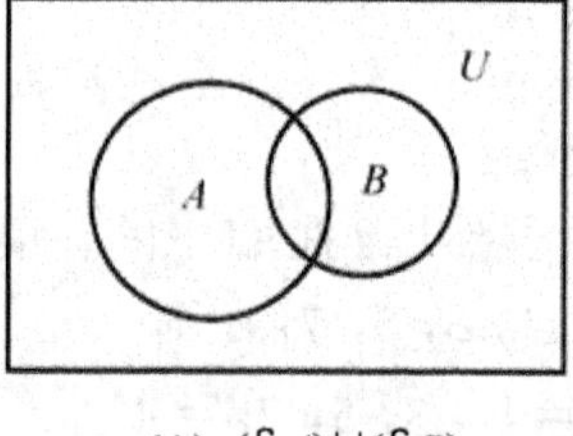

（1）$(\complement_u A)\cup(\complement_u B)$

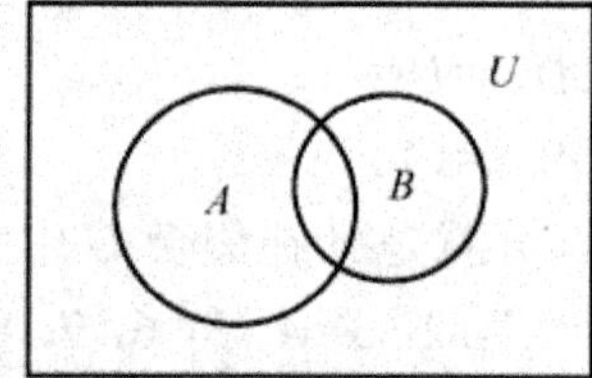

（2）$(\complement_u A)\cap(\complement_u B)$

图 1-8

习题 1.3

1. 已知 $A=\{1，2，3，4\}$，$B=\{3，4，5，6，7\}$，$C=\{6，7，8，9\}$，求：

（1）$A\cap B$，$A\cap C$，$B\cap C$；

（2）$A\cup B$，$A\cup C$，$B\cup C$．

2. 设集合 $A=\{a，b，c，d，e\}$，集合 $B=\{c，d，f，g\}$，求 $A\cup B$，$A\cap B$．
3. 设全集 $U=\mathbf{R}$，$A=\{x|x<5\}$，求$\complement_u A$．

4. 设全集 $U=\{1, 2, 3, 4, 5, 6, 7, 8\}$，$A=\{2, 4, 6\}$，$B=\{3, 4, 5\}$，求：

（1）$A\cap B$；（2）$A\cup B$；（3）$\complement_u A$；（4）$\complement_u B$.

5. 设集合 $U=\{x|-3\leqslant x\leqslant 5\}$，$A=\{x|-1<x\leqslant 1\}$，$B=\{x|0\leqslant x<2\}$，求：

（1）$\complement_u A$；（2）$\complement_u B$；

（3）$(\complement_u A)\cup(\complement_u B)$；（4）$(\complement_u A)\cap(\complement_u B)$.

1.4 常用逻辑术语

在中学我们学习过命题，在1.3节中，我们也学习了用描述法表示两个集合的交集或并集，其中都涉及了常用的一些逻辑术语，下面我们将进一步简单介绍.

1.4.1 命题及命题联结词

通常我们把能够判断真假的语句称为**命题**. 例如：

$12>5$ 是一个真命题，2 能整除 3 是一个假命题.

有些语句我们并不能判断其真假，这样的语句不是我们数学中所说的命题. 例如：

3 是 2 的约数吗？（不涉及真假）

明天天晴吗？（不能确定）

$x>5$（不能确定，因为 x 的值不知道）.

通常我们用小写的拉丁字母 p，q，r，s，…表示命题. 我们把命题的真假结果通称为该命题的真值.

对于像“$x>5$”这样的语句，如果加上类似“存在实数 x”或“任意实数 x”的条件，则语句就可以判断真假了，这样的语句通常称它为**开句**. 其中“存在”和“任意”称为**逻辑量词**，分别用符号“$\exists$”和“$\forall$”表示.

如：“$\exists x$，使 $x>5$”是真命题，“$\forall x$，$x>5$”是假命题.

现实中，我们往往不仅要讨论命题，更重要的是要考查几个命题连在一起时的复合命题的真假. 这就涉及命题联结词.

数学中常用到的命题联结词有“或”、“且”、“非”，我们也称它们为逻辑联结词.

如1.3节中，交集用描述法表示时，就要用到“且”；并集用描述法表示时，就要用到“或”；而在补集的描述法表示中，实际上就是“非”的意思.

那么，用以上三个命题联结词表示的复合命题的真假如何判断呢？

假如有两个命题 p 和 q，则由 p 和 q 组成的复合命题有“p 或 q”、“p 且 q”、“非 p”或“非 q”等，分别记为“$p\vee q$”、“$p\wedge q$”、“$\neg p$”，“$\neg q$”. 分别读作“p 或 q”、“p 且 q”、“非 p”、“非 q”.

（1）“$\neg p$”形式的复合命题.

当 p 为真时，$\neg p$ 为假；当 p 为假时，$\neg p$ 为真. 例如，“3 是 6 的约数”为真，则“3 不是 6 的约数”为假. 据此，$\neg p$ 形式的复合命题的真值列表如表1-1所示.

表 1-1

p	$\neg p$
真	假
假	真

（2）“p 或 q”形式的命题.

从逻辑语言上不难判断，当 p 和 q 至少有一个为真时，$p \vee q$ 一定为真；当 p 和 q 两者都为假时，$p \vee q$ 为假. 例如，若用 p 表示“5 是 12 的约数”，q 表示“5 是 15 的约数”，r 表示“5 是 8 的约数”，则 $p \vee q$ 即“5 是 12 的约数或是 15 的约数”为真；$p \vee r$ 即“5 是 12 的约数或 5 是 8 的约数”为假，因为 p 和 r 都是假的.

由此，总结“$p \vee q$”形式复合命题的真值如表 1-2 所示.

（3）“$p \wedge q$”形式的复合命题.

当 p 和 q 有一个命题是假命题时，复合命题 $p \wedge q$ 一定是假命题，即真值为假；只有两者同时为真时，复合命题的真值才为真，这是不难理解的. 例如：

若用 p 表示“5 是 10 的约数”，q 表示“5 是 15 的约数”，r 表示“5 是 8 的约数”，s 表示“5 是 9 的约数”. 显然 $p \wedge q$ 为真，$p \wedge r$ 为假，$r \wedge s$ 为假，$q \wedge r$ 为假，$q \wedge s$ 为假.

由此，总结“$p \wedge q$”形式复合命题的真值如表 1-3 所示.

表 1-2

p	q	$p \vee q$
真	真	真
真	假	真
假	真	真
假	假	假

表 1-3

p	q	$p \wedge q$
真	真	真
真	假	假
假	真	假
假	假	假

课堂练习

1. 分别写出由下列各组命题构成的“$p \vee q$”、“$p \wedge q$”、“$\neg p$”形式的复合命题.

（1）p：5 是 15 的约数，q：5 是 20 的约数；

（2）p：矩形的对角线相等，q：矩形的对角线互相平分.

2. 判断下列“$p \vee q$”、“$p \wedge q$”命题的真假.

（1）p：$4 \in \{2, 3\}$，q：$2 \in \{2, 3\}$；

（2）p：2 是偶数，q：2 不是质数.

1.4.2 充分条件、必要条件和充要条件

在学习命题中，有时由一个结论的成立可以推出另一个结论的成立或不能推出另一

个结论的成立，如若 $x=1$，则 $x^2-1=0$ 是正确的；而由条件 $(x-3)(x-1)=0$ 不能推出 $x=1$，因为有可能 $x=3$．这就是本小节要讨论的充分条件、必要条件和充要条件．

设有条件 p 和结论 q：

（1）如果能由条件 p 成立推出结论 q 成立，则说条件 p 是结论 q 的**充分条件**，记作"$p\Rightarrow q$"，读作"p 推出 q"．这时也说 q 是 p 的必要条件．

（2）如果由条件 p 成立不能推出结论 q 成立，但由结论 q 成立可以推出条件 p 成立，则说结论 q 是条件 p 的**必要条件**，记作"$q\Rightarrow p$"或"$p\Leftarrow q$"，读作"q 推出 p"．这时也说 p 是 q 的充分条件．

（3）有时，能由条件 p 成立推出结论 q 成立，也可以由结论 q 成立推出条件 p 成立，即"$p\Rightarrow q$"同时"$q\Rightarrow p$"，也就是 p 和 q 互为条件互为结论，则称 p 是 q 的**充分必要条件**，简称为**充要条件**，记作"$p\Leftrightarrow q$"，读作"p 等价于 q"或"q 等价于 p"．

充分条件和必要条件就是我们常见的"若 p，则 q"逻辑语言．

【例 1.4.1】 指出下列各题条件与结论中，p 是 q 的什么条件？

（1）p：$x>3$，　　q：$x>5$；

（2）p：$x-2=0$，q：$(x-2)(x+5)=0$；

（3）p：$-6x>3$，q：$x<-\dfrac{1}{2}$．

解：（1）由条件 $x>3$ 成立，不能推出结论 $x>5$ 成立，如若 $x=4$，$4>3$，但 $4<5$，因此，p 不是 q 的充分条件，但由 $x>5$ 一定能推出 $x>3$，因此，q 是 p 的充分条件，p 是 q 的必要条件，即

$$p\Leftarrow q;$$

（2）由 $x-2=0$ 成立一定能推出 $(x-2)(x+5)=0$ 成立，但由 $(x-2)(x+5)=0$ 成立不能推出 $x-2=0$，因此，p 是 q 的充分条件，q 是 p 的必要条件，即

$$p\Rightarrow q;$$

（3）由 $-6x>3$ 得 $x<-\dfrac{1}{2}$；由 $x<-\dfrac{1}{2}$ 得 $-6x>3$，因此 p 是 q 的充要条件，q 也是 p 的充要条件，即

$$p\Leftrightarrow q.$$

课堂练习

指出下列各组条件与结论中条件 p 是结论 q 的什么条件．

（1）p：$a=0$，q：$ab=0$；　　（2）p：$a=b$，q：$(a-b)^2=0$；

（3）p：$|a|=1$，q：$a=1$；　　（4）p：$|a|=0$，q：$a=0$．

习题 1.4

1．用符号“$\Rightarrow$”，“$\Leftarrow$”，“$\Leftrightarrow$”填空．

（1）“$x=2$”__________“$x^2-4=0$”；

（2）“a 是有理数”__________“a 是实数”；

（3）“a 是整数”__________“a 是自然数”；

（4）“a 是 6 的倍数”__________“a 是 3 的倍数”；

（5）“$a-4$ 是实数”__________“a 是实数”；

（6）“ΔABC 的每个内角都是 60°”__________“ΔABC 为等边三角形”．

2．指出下列各组条件与结论中，条件 p 是结论 q 的什么条件．

（1）p：$a<-1$，　q：$a<-2$；

（2）p：$a=3$，　q：$a>-1$；

（3）p：$a>b>0$，q：$|a|>|b|$；

（4）p：整数 a 能够被 5 整除，q：整数 a 的末位数字为 5．

3．指出下列各组条件与结论中，条件 p 是结论 q 的什么条件．

（1）p：$a>2$，$b>3$，　q：$a+b>5$；

（2）p：$ab>6$，　q：$a>2$，$b>3$；

（3）p：$a=1$，$b=0$，　q：$(a-1)^2+b^2=0$．

复习题 1

1．用列举法写出与下列集合相等的集合．

（1）$A=\{x|x^2=9\}$；

（2）$B=\{x\in \mathbf{N}|x\geqslant 1且\leqslant 2\}$；

（3）$C=\{x|x=1或x=2\}$．

2．选择题．

（1）设 $M=\{a\}$，则下列写法正确的是（　　）．

A．$a=M$　　B．$a\in M$　　C．$a\subseteq M$　　D．$a\subset M$

（2）如果 $A=\{x|x\leqslant 1\}$，则（　　）．

A．$0\subseteq A$　　B．$\{0\}\in A$　　C．$\varnothing\in A$　　D．$\{0\}\subseteq A$

（3）集合 $A=\{2, 3, 4, 5, 6\}$，集合 $B=\{2, 4, 5, 8, 9\}$，则 $A\cap B=$（　　）．

A．$\{2, 3, 4, 5, 6, 8, 9\}$　　B．$\{2, 4, 5\}$

C．$\varnothing$　　D．$\{2, 3, 4, 5, 6\}$

（4）集合 $A=\{x|-1<x\leqslant 3\}$，集合 $B=\{x|1<x<5\}$，则 $A\cup B=$（　　）．

A．$\{x|-1<x<5\}$　　B．$\{x|3<x<5\}$

C. $\{x|-1<x<1\}$　　D. $\{x|1<x\leqslant 3\}$

（5）设全集为 $\mathbf{R}$，集合 $A=\{x|-1<x\leqslant 5\}$，则 $\complement_u A=$（　　）.

A. $\{x|x\leqslant -1\}$　　B. $\{x|x>5\}$

C. $\{x|x<-1\text{或}x>5\}$　　D. $\{x|x\leqslant -1\text{或}x>5\}$

（6）下列各选项中正确的是（　　）.

A. $ab>bc\Rightarrow a>c$　　B. $a>b\Rightarrow ac^2>bc^2$

C. $a>b\Leftarrow ac^2>bc^2$　　D. $a>b>0$，$c>d>0\Rightarrow ac>bd$

3. 填空题.

（1）设集合 $A=\{x|-2<x<3\}$，$B=\{x|x>1\}$，则集合 $A\cap B=$________.

（2）设全集 $U=\mathbf{R}$，$A=\{x|x\leqslant 1\}$，则集合 $\complement_u A=$________.

（3）$A\cap B=A$ 是 $A\subseteq B$ 的________条件.

（4）方程 $3x^2-x-2=0$ 的解集为________.

（5）方程组 $\begin{cases}2x-3y+1=0\\3x-2y-1=0\end{cases}$ 的解集为________.

4. 已知集合 $A=\{2, 3, 4\}$，$B=\{1, 2, 3, 4, 5\}$，写出集合 $A\cap B$ 的所有子集，并指出其中的真子集.

5. 设集合 $A=\{x|x<-2\}$，$B=\left\{x\middle|x<\frac{1}{2}\right\}$，求 $A\cap B$ 和 $A\cup B$.

6. 已知全集 $U=\mathbf{R}$，集合 $A=\{x|1<x\leqslant 3\}$，$B=\{x|x>3\}$，求 $\complement_u A$，$\complement_u B$.

7. 设全集 $U=\mathbf{R}$，集合 $A=\{x|x\leqslant 1\}$，集合 $B=\{x|0<x<2\}$，求：

（1）$\complement_u A$，$\complement_u B$；　　（2）$(\complement_u A)\cup(\complement_u B)$，$(\complement_u A)\cap(\complement_u B)$；

（3）$\complement_u(A\cup B)$，$\complement_u(A\cap B)$.

8. 如图 1-9 所示，已知全集 U，集合 A 和 B 都是 U 的子集，试用 A，B 表示图中阴影部分的集合.

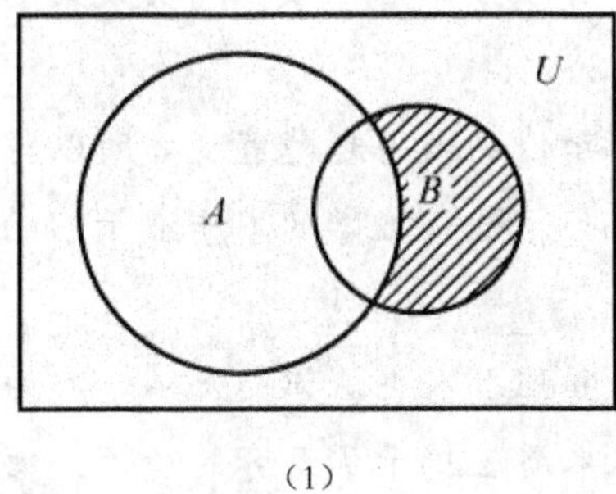

（1）

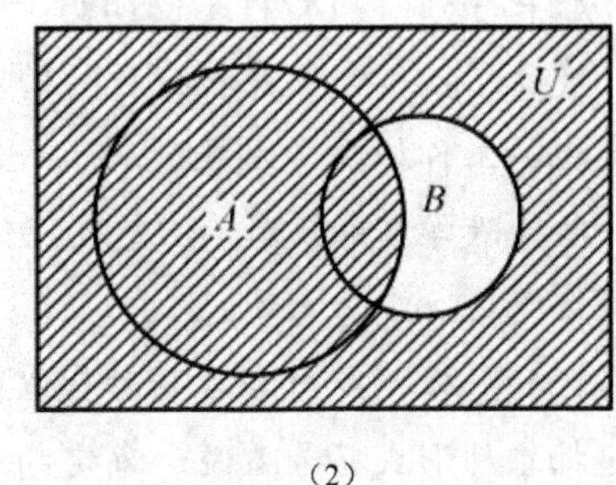

（2）

图 1-9

9. 判断下列命题是不是真命题.

（1）$\forall x\in\mathbf{R}$，$x^2-3x+2=0$；　　（2）$\exists x\in\mathbf{R}$，$x+1=0$.

数学家的故事

康 托

乔治·康托（Georg Cantor，1845—1918 年），德国数学家，1845 年生于俄国彼得堡一个犹太商人家庭. 1856 年全家迁居德国法兰克福. 康托是集合论的创立人，集合论在 20 世纪初已逐渐渗透到了各个数学分支，成为分析理论、测度论、拓扑学及数理科学中必不可少的工具.

康托先后就学于苏黎世大学、哥廷根大学、法兰克福大学和柏林大学，主要学习哲学、数学和物理. 在柏林大学，他受到著名分析学家魏尔斯特拉斯的影响，对纯粹数学产生了兴趣. 1867 年，他以求不定方程 $ax^2+by^2+cz^2=0$（其中，a、b、c 为任意整数）的整数解的博士论文获哲学博士学位. 1869 年到哈勒大学，历任教师、副教授、教授. 康托自幼对数学有浓厚兴趣，23 岁获博士学位，以后一直从事数学教学与研究. 他所创立的集合论已被公认为数学的基础.

1874 年康托的有关无穷的概念震撼了知识界. 康托凭借古代与中世纪哲学著作中关于无限的思想而推导出了关于数的本质新思想模式，建立了处理数学中的无限的基本技巧，从而极大地推动了分析与逻辑的发展. 他研究数论和用三角级数唯一地表示函数等问题，发现了惊人的结果：有理数是可列的，而全体实数是不可列的. 康托 29 岁时在《数学杂志》上发表了关于集合论的第一篇论文，提出了“无穷集合”这个数学概念，引起了数学界的极大关注，他还构造了实变函数论中著名的“康托集”、“康托序列”. 1874 年他证明了代数数集和有理数集的可数性和实数集的不可数性，建立了被称为“康托公理”的实数连续性公理.

康托的工作给数学发展带来了一场革命. 由于他的理论超越直观，所以曾受到当时一些大数学家的反对，但是康托仍充满信心地指出：“数学的本质在于它的自由性，不必受传统观念束缚.”

康托的集合论是自古希腊时代以来的两千多年里，人类认识史上第一次为无穷建立起抽象的形式符号系统和确定的运算，并从本质上揭示了无穷的特性，使无穷的概念发生了一次革命性的变化，并渗透到所有的数学分支，从根本上改造了数学的结构，促进了数学中许多新的分支的建立和发展，成为实变函数论、代数拓扑、群论和泛函分析等理论的基础，并为逻辑学和哲学带来了深远的影响.

第2章 不等式

本章导读

自然界中的事物，经常有大小、轻重、长短的比较. 数学中也经常存在着量之间的不等关系，不等式是进一步研究数学和其他科学的基础，也是研究自然界不等关系的重要工具.

2.1 不等式的基本性质

2.1.1 实数的大小与不等式

在现实生活和工作中，我们经常要比较两个或几个量之间的大小．如比较距离的长短、速度的快慢等，这些量的比较是通过比较数的大小来反映的．如姚明身高 2.26m，刘翔身高 1.89m，那么姚明比刘翔高多少呢？我们通过式子 2.26－1.89＝0.37（m），计算后得知姚明比刘翔高 0.37m．

通常，比较两个数的大小或两个式子的大小，只要求它们的差即可．

由此得到，对任意两个实数 a 和 b，具有如下性质：

$$a=b \Leftrightarrow a-b=0;$$
$$a<b \Leftrightarrow a-b<0;$$
$$a>b \Leftrightarrow a-b>0;$$
$$a\leqslant b \Leftrightarrow a-b\leqslant 0;$$
$$a\geqslant b \Leftrightarrow a-b\geqslant 0.$$

我们把含有不等号（＜，＞，⩽，⩾，≠）的式子，称为**不等式**．

【例 2.1.1】比较下列各组中两个实数的大小．

（1）$\frac{6}{7}$，$\frac{5}{6}$；　　（2）$-\frac{7}{11}$，$-\frac{10}{17}$；　　（3）12.3，$12\frac{1}{3}$．

解：（1）因为 $\frac{6}{7}-\frac{5}{6}=\frac{36-35}{42}=\frac{1}{42}>0$，所以

$$\frac{6}{7}>\frac{5}{6};$$

（2）因为 $-\frac{7}{11}-\left(-\frac{10}{17}\right)=-\frac{7}{11}+\frac{10}{17}=\frac{-119+110}{187}=-\frac{9}{187}<0$，所以

$$-\frac{7}{11}<-\frac{10}{17};$$

（3）因为 $12.3-12\frac{1}{3}=12\frac{3}{10}-12\frac{1}{3}=\frac{123}{10}-\frac{37}{3}=\frac{369}{30}-\frac{370}{30}=-\frac{1}{30}<0$，所以

$$12.3<12\frac{1}{3}.$$

【例 2.1.2】对任意实数 x，比较 $(x+1)(x+2)$ 与 $(x-3)(x+6)$ 的大小．

解：因为 $(x+1)(x+2)-(x-3)(x+6)$

$$=x^2+3x+2-(x^2+3x-18)$$
$$=x^2+3x+2-x^2-3x+18$$
$$=20>0,$$

所以 $$(x+1)(x+2)>(x-3)(x+6).$$

课堂练习

1．比较下列各对实数的大小．

（1）$\frac{4}{7}$，$\frac{5}{9}$；　　（2）$1\frac{3}{5}$，1.63．

2．比较式子（$x-1$）（$x-2$）与式子 x^2-3x-4 的大小．

2.1.2 不等式的基本性质

我们来考查当 $a>b>0$ 时，a^2b 与 ab^2 的大小．

分析：由 $a>b>0$ 知，$a-b>0$，a 和 b 是两个正数，所以 $ab>0$，由此，

$$a^2b-ab^2=ab(a-b)>0,$$

故

$$a^2b>ab^2.$$

再看一个例子，测量三个人的身高，发现小李比小王高，小王比小张高，那么很容易知道，小李比小张高．

通过以上两个例子我们得到不等式的基本性质如下：

性质1（传递性）：如果 $a>b$，且 $b>c$，那么 $a>c$．

性质2（可加性）：如果 $a>b$，那么 $a+c>b+c$．

性质3（乘法性质）：如果 $a>b$，$c>0$，那么 $ac>bc$；

如果 $a>b$，$c<0$，那么 $ac<bc$．

下面我们对以上性质加以证明：

（1）传递性

由 $a>b$，$b>c$ 得出 $a-b>0$，$b-c>0$

所以 $a-c=a-b+b-c=(a-b)+(b-c)>0$，

即

$$a>c.$$

（2）可加性

同（1）的方法，可以证明可加性成立．

不等式的可加性说明，一个不等式的两边加或减同一个数，不等号的方向不会改变．

（3）乘法性质

① 由 $a>b$，$c>0$ 得出 $a-b>0$

所以 $(a-b)c>0$，即 $ac-bc>0$，

所以

$$ac>bc.$$

②由 $a>b$，$c<0$ 得出 $a-b>0$

所以 $(a-b)c<0$，即 $ac-bc<0$，

所以

$$ac<bc.$$

不等式的乘法性质说明：一个不等式的两边同时乘以一个正数，不等号的方向不改变；一个不等式的两边同时乘以一个负数，不等号的方向改变．

【例 2.1.3】用符号“＜”或“＞”填空，并说出应用了不等式的哪条性质．

（1）设 $a>b$，则 $a-3$________$b-3$；
（2）设 $a>b$，则 $6a$________$6b$；
（3）设 $a<b$，则 $-4a$________$-4b$；
（4）设 $a<b$，则 $5-2a$________$5-2b$.

解：（1）$a-3>b-3$， 应用的是不等式的加法性质；
（2）$6a>6b$，应用的是不等式的乘法性质；
（3）$-4a>-4b$，应用的是不等式的乘法性质；
（4）$5-2a>5-2b$，应用的是不等式的乘法性质和不等式的加法性质.

【例 2.1.4】已知 $a>b>0$，$c>d>0$，求证 $ac>bd$.

证明：由不等式的性质 3 知

$$a>b>0，c>0,$$

则 $ac>bc$,

同理 $c>d，b>0$,

则 $bc>bd$

由不等式的性质 1 得 $ac>bd$.

课堂练习

1．填空.
（1）设 $3x>6$，则 $x>$________；
（2）设 $1-5x<-1$，则 $x>$________；
（3）$x+5$________$x+2$；
（4）$a>b$，$c<d$，则 $a-c$________$b-d$.

2．已知 $a>b$，$c>d$，求证：$a+c>b+d$.

习题 2.1

1．比较下列各组数的大小.

（1）$\frac{8}{9}$，$\frac{7}{8}$；　　（2）$-\frac{3}{7}$，$-\frac{39}{101}$；

（3）$(x-3)^2$，$(x-2)(x-4)$；　　（4）a^2-ab+b^2，ab.

2．填空.

（1）设 $x-2<7$，则 x ______；　　（2）设 $x+5<-3$，则 x______；

（3）设 $\frac{5-x}{2}>\frac{1}{3}$，则 x______；　　（4）设 $2x-3<7$，则 x______.

3．求证.

（1）$a^2-ab+b^2\geqslant ab$；　　（2）$x^2+y^2-2x-4y+5\geqslant 0$.

2.2 不等式的解法及解集的区间表示法

2.2.1 不等式的解集与区间表示法

在含有未知数的不等式中，求使不等式成立的未知数的过程称为解不等式，能使不等式成立的未知数的全体构成的集合，称为不等式的**解集**.

不等式的解集一般用描述法表示.（问题：为什么一般不用列举法表示呢？）

如 $x^2-2x-1>0$ 的解集可以表示为 $\{x|x^2-2x-1>0\}$；$3x-6<0$ 的解集可以表示为 $\{x|x<2\}$ 等.

为了方便，我们经常用另一种方法表示不等式的解集，即**区间表示法**. 下面介绍区间概念.

设 a，$b\in\mathbf{R}$，且 $a<b$. 则

（1）满足 $a\leqslant x\leqslant b$ 的全体实数 x 的集合，称为**闭区间**，记作 $[a, b]$，用图 2-1（1）表示；

（2）满足 $a<x<b$ 的全体实数 x 的集合，称为**开区间**，记作 (a, b)，用图 2-1（2）表示；

（3）满足 $a\leqslant x<b$ 或 $a<x\leqslant b$ 的全体实数 x 的集合，称为**半开半闭区间**，分别记作 $[a, b)$ 或 $(a, b]$，分别用图 2-1（3）和图 2-1（4）表示.

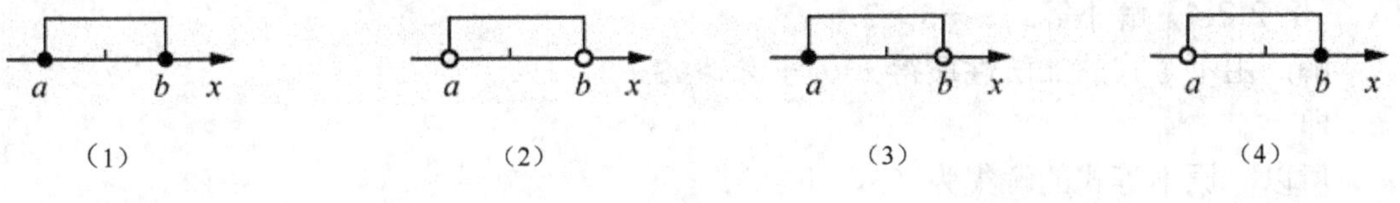

图 2-1

a 和 b 称为区间的端点，在数轴上表示区间时，属于这个区间的端点的实数，用实心表示，不属于这个区间的端点的实数，用空心表示.

实数集 $\mathbf{R}$ 也可以由区间表示为 $(-\infty, +\infty)$，"$-\infty$"和"$+\infty$"分别读作"负无穷大"和"正无穷大".

对于类似 $x>3$ 或 $x<1$ 的不等式构成的集合可分别记为 $(3, +\infty)$，$(-\infty, 1)$. 我们把区间 $(-\infty, +\infty)$，$(3, +\infty)$，$(-\infty, 1)$ 等统称为无限区间.

【例 2.2.1】已知集合 $A=\{x|2x-4<0\}$，用区间法表示集合.

解：由 $2x-4<0$ 得 $x<2$.

所以，不等式的解集为 $(-\infty, 2)$.

【例 2.2.2】用区间法表示下列不等式的解集.

（1）$9\leqslant x\leqslant 10$；　　（2）$-3<x<4$.

解：（1）$[9, 10]$；　　（2）$(-3, 4)$.

【例 2.2.3】已知集合 $A=(-1, 4)$，集合 $B=[0, 5]$，求 $A\cup B$，$A\cap B$.

解：用数轴表示两个集合如图 2-2 所示.

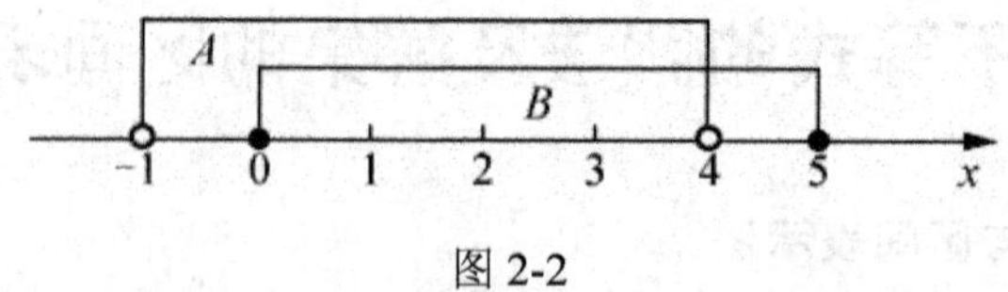

图 2-2

则

$$A\cup B=(-1,\ 5],$$
$$A\cap B=[0,\ 4).$$

课堂练习

用区间法表示下列集合.

（1）$\{x \mid -3\leqslant x\leqslant 2\}$；　（2）$\{x \mid -3\leqslant x<2\}$；

（3）$\{x \mid x\geqslant 0\}$；　（4）$\{x \mid x<0\}$；

（5）$\{x \mid -1<x<3\}$；　（6）$\{x \mid -1<x\leqslant 2\}$.

2.2.2　一元一次不等式和一元一次不等式组的解法

在初中时，我们已经学习过一元一次不等式，下面我们通过例题，进一步利用不等式的性质学习一元一次不等式和一元一次不等式组的解法.

【例 2.2.4】解不等式 $x-3>2$.

解：由不等式的加法性质得 $x-3+3>2+3$，

即

$$x>5.$$

所以，原不等式的解集为 $(5,\ +\infty)$.

【例 2.2.5】解不等式组 $\begin{cases}-3x-2<4;\\2x<5.\end{cases}$

解：原不等式组含有两个不等式 $-3x-2<4$（Ⅰ）和 $2x<5$（Ⅱ）.

由（Ⅰ）得 $x>-2$；

由（Ⅱ）得 $x<\dfrac{5}{2}$.

不等式组的解集就是使两个不等式同时成立的 x 的取值，即不等式（Ⅰ）和（Ⅱ）的交集，所以不等式组的解集为 $\left(-2,\ \dfrac{5}{2}\right)$，如图 2-3 所示.

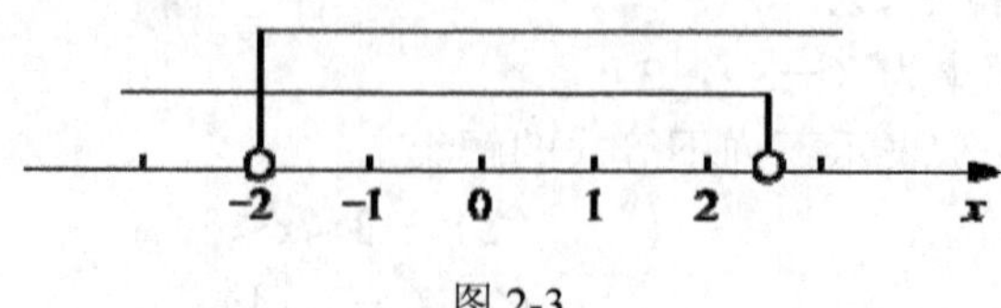

图 2-3

通过上面的例子我们可以看出，利用不等式的性质，一元一次不等式总可以转化为$ax>b$（$a>0$）或$ax<b$（$a>0$）的形式，对于$a<0$的情形，利用不等式的乘法性质可转换为$a>0$的情形．如$-2x<4\Leftrightarrow 2x>-4\Leftrightarrow x>-2$．因此，我们只要研究$a>0$的情形即可．具体情况为

$ax>b$（$a>0$）的解集为$(\frac{b}{a},\ +\infty)$；

$ax<b$（$a>0$）的解集为$(-\infty,\ \frac{b}{a})$；

$ax\geqslant b$（$a>0$）的解集为$[\frac{b}{a},\ +\infty)$；

$ax\leqslant b$（$a>0$）的解集为$(-\infty,\ \frac{b}{a}]$；

一元一次不等式组的解集是不等式组中两个不等式的解集的交集．

课堂练习

1．解下列不等式．

（1）$x-2\geqslant 5$；　　（2）$2x-3\leqslant x+1$；

（3）$5-2x>9$；　　（4）$5x-3<0$．

2．解下列不等式组．

（1）$\begin{cases}x\geqslant -3,\\ x<0;\end{cases}$　　（2）$\begin{cases}x\leqslant -3,\\ x>0;\end{cases}$

（3）$\begin{cases}x+3<4,\\ x+3>-1;\end{cases}$　　（4）$\begin{cases}4x-4>3x+1,\\ 3x+1>2x-1.\end{cases}$

2.2.3 一元二次不等式的解法

通常把含有一个未知数且未知数的次数最高为二次的不等式称为一元二次不等式．如$x^2-x-3<0$．

下面我们通过例子来研究一元二次不等式的解法．

解法一：区间分析法

【例 2.2.6】解不等式$x^2-2x-3>0$和$x^2-2x-3<0$．

解：（1）由$x^2-2x-3>0$得$(x+1)(x-3)>0$，这个不等式等价于下面两个不等式组：

$\begin{cases}x+1<0\\ x-3<0\end{cases}$（Ⅰ）或$\begin{cases}x+1>0\\ x-3>0\end{cases}$（Ⅱ），原不等式的解集就是它们的并集．

解（Ⅰ）得$x<-1$．

解（Ⅱ）得$x>3$，所以不等式$x^2-2x-3>0$的解集为$(-\infty,\ -1)\cup(3,\ +\infty)$．

（2）由$x^2-2x-3<0$得$(x+1)(x-3)<0$，这个不等式等价于下面两个不等式组：

$$\begin{cases} x+1>0 \\ x-3<0 \end{cases}\text{（Ⅰ）或}\begin{cases} x+1<0 \\ x-3>0 \end{cases}\text{（Ⅱ）}$$

解（Ⅰ）得$\{x|\ -1<x<3\}$，

解（Ⅱ）得$\{x|x<-1$ 且 $x>3\}$，即（Ⅰ）的解集为$(-1,3)$，（Ⅱ）的解集为$\varnothing$. 所以原不等式 $x^2-2x-3<0$ 的解集为$(-1,3)\cup\varnothing=(-1,3)$.

从【例 2.2.6】我们可以看出，一元二次不等式的解集的端点与其相应的一元二次方程的两个根有密切关系，即不等式的解集就是由对应方程的两个根为端点构成的集合，我们在数轴上将以上两个结果表示为图 2-4（1）和图 2-4（2）.

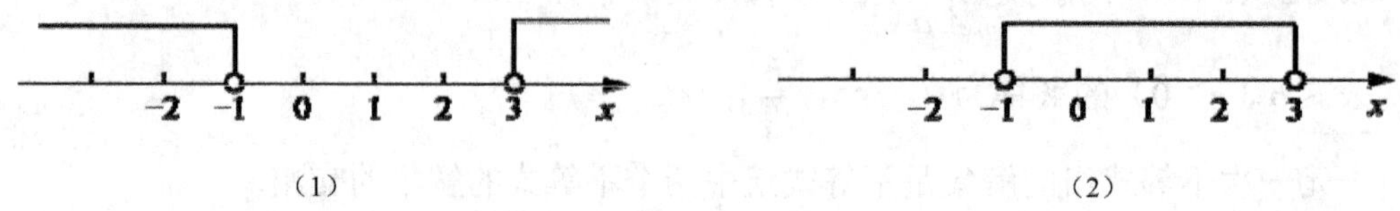

图 2-4

观察图 2-4 不难发现，不等式对应方程的两个根-1和 3 将数轴分为三个区间，即$(-\infty,-1)$，$(-1,3)$，$(3,+\infty)$.

在$(-\infty,-1)$上，$x+1<0$，$x-3<0$，故$(x+1)(x-3)>0$，所以$(-\infty,-1)$是不等式$(x+1)(x-3)>0$的解集；

而在$(-1,3)$上，$x+1>0$，$x-3<0$，故$(x+1)(x-3)<0$，所以$(-1,3)$是不等式$(x+1)(x-3)<0$的解集，但不是不等式$(x+1)(x-3)>0$的解集；

在$(3,+\infty)$上，$x+1>0$，$x-3>0$，故$(x+1)(x-3)>0$，所以，$(3,+\infty)$是不等式$(x+1)(x-3)>0$的解集，但不是$(x+1)(x-3)<0$的解集. 因此，

$(x+1)(x-3)>0$的解集为$(-\infty,-1)\cup(3,+\infty)$；

$(x+1)(x-3)<0$的解集为$(-1,3)$.

总结：对于形如$ax^2+bx+c>0$（或$ax^2+bx+c<0$）$(a>0)$的不等式其求解步骤如下：

（1）求出对应方程$ax^2+bx+c=0$的两个根x_1，x_2 $(x_1<x_2)$；

（2）确定区间$(-\infty,x_1)$，(x_1,x_2)及$(x_2,+\infty)$；

（3）在区间$(-\infty,x_1)$上，$(x-x_1)<0$，$(x-x_2)<0$，从而$(x-x_1)(x-x_2)>0$；

在区间(x_1,x_2)上，$(x-x_1)>0$，$(x-x_2)<0$，从而$(x-x_1)(x-x_2)<0$；

在区间$(x_2,+\infty)$上，$(x-x_1)>0$，$(x-x_2)>0$，从而$(x-x_1)(x-x_2)>0$，

因此

$ax^2+bx+c>0$ $(a>0)$的解集为$(-\infty,x_1)\cup(x_2,+\infty)$；

$ax^2+bx+c<0$ $(a>0)$的解集为(x_1,x_2)；

（4）对于$a<0$的情形，先对不等式的两端同乘以-1，使二次项的系数为正时，再依据上面的步骤求解.

如求解不等式$x^2-x-12<0$：

（1）解方程$x^2-x-12=0$得$x_1=-3$，$x_2=4$；

（2）不等式$x^2-x-12<0$的解集为$(-3,4)$.

又如求解不等式$-x^2-x+12\leqslant 0$：

（1）将不等式恒等变形为$x^2+x-12\geqslant 0$；

（2）解方程$x^2+x-12=0$得$x_1=-4$，$x_2=3$；

（3）不等式$x^2+x-12\geqslant 0$的解集为$(-\infty, -4]\cup[3, +\infty)$，即不等式$-x^2-x+12\leqslant 0$的解集为

$$(-\infty, -4]\cup[3, +\infty).$$

解法二：图像分析法

【例 2.2.7】求解不等式$x^2-4x+3>0$和$x^2-4x+3<0$.

解：作函数$y=x^2-4x+3$的图像，如图 2-5 所示，解方程$x^2-4x+3=0$得：$x_1=1$，$x_2=3$.

由图像可以看出，方程$x^2-4x+3=0$的两个解$x_1=1$，$x_2=3$恰好是函数$y=x^2-4x+3$的图像与x轴的两个交点的横坐标，即$x_1=1$，$x_2=3$时，$y=0$；在x轴上方的函数图像，所对应的自变量x的取值范围，即$(-\infty, 1)\cup(3, +\infty)$，使得$y=x^2-4x+3$的函数值$y>0$；在$x$轴下方的函数图像，所对应的自变量$x$的取值范围，即$(1, 3)$，使得$y=x^2-4x+3$的函数值$y<0$．由此我们得到

在$(-\infty, 1)\cup(3, +\infty)$上，$x^2-4x+3>0$；

在$(1, 3)$上，$x^2-4x+3<0$.

所以，不等式$x^2-4x+3>0$的解集为$(-\infty, 1)\cup(3, +\infty)$；不等式$x^2-4x+3<0$的解集为$(1, 3)$.

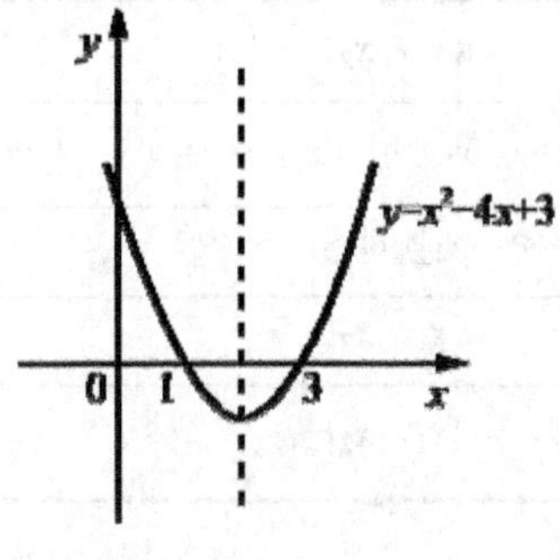

图 2-5

从以上分析得出，我们可以利用一元二次函数$y=ax^2+bx+c\ (a>0)$的图像解一元二次不等式$ax^2+bx+c>0$或$ax^2+bx+c<0\ (a>0)$.

（1）当$\Delta=b^2-4ac>0$时，方程$ax^2+bx+c=0$有两个不等的根x_1，$x_2\ (x_1<x_2)$，一元二次函数$y=ax^2+bx+c\ (a>0)$的图像与x轴有两个交点$(x_1, 0)$和$(x_2, 0)$，如图 2-6（1）．此时，不等式$ax^2+bx+c>0\ (a>0)$的解集是$(-\infty, x_1)\cup(x_2, +\infty)$；不等式$ax^2+bx+c<0\ (a>0)$的解集是$(x_1, x_2)$.

（2）当$\Delta=b^2-4ac=0$时，方程$ax^2+bx+c=0$有两个相等的根x_0，一元二次函数$y=ax^2+bx+c\ (a>0)$的图像与x轴有一个交点$(x_0, 0)$，如图 2-6（2），此时不等式

$ax^2+bx+c>0$（$a>0$）的解集是（$-\infty$，x_0）$\cup$（x_0，$+\infty$）；不等式 $ax^2+bx+c<0$（$a>0$）的解集是 $\varnothing$．

（3）当 $\Delta=b^2-4ac<0$ 时，方程 $ax^2+bx+c=0$ 无实数解，一元二次函数 $y=ax^2+bx+c$ 与 x 轴无交点，如图 2-6（3），此时，不等式 $ax^2+bx+c>0$（$a>0$）的解集是 **R**，$ax^2+bx+c<0$（$a>0$）的解集是 $\varnothing$．

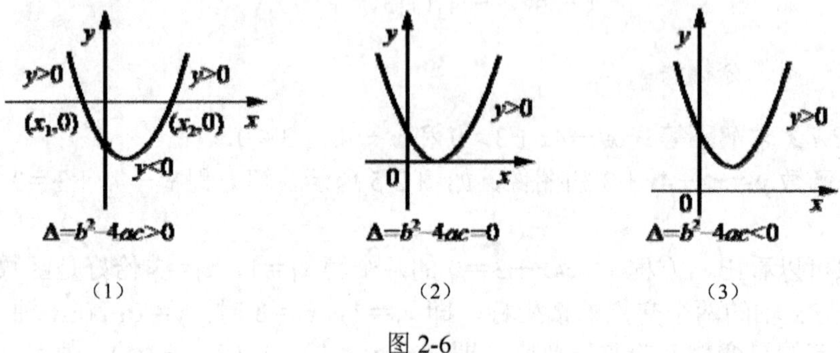

图 2-6

对于 $a<0$ 的情形，通过对不等式的两端同乘以-1，使不等式变成 $a>0$ 的情形，再按以上步骤讨论．

综上所述，一元二次不等式的解集总结如表 2-1 所示．

表 2-1

方程或不等式的解集（$a>0$）	$\Delta>0$	$\Delta=0$	$\Delta<0$
$ax^2+bx+c=0$	$\{x_1, x_2\}$	$\{x_0\}$	$\varnothing$
$ax^2+bx+c>0$	$(-\infty, x_1)\cup(x_2, +\infty)$	$(-\infty, x_0)\cup(x_0, +\infty)$	**R**
$ax^2+bx+c\geqslant 0$	$(-\infty, x_1]\cup[x_2, +\infty)$	**R**	**R**
$ax^2+bx+c<0$	(x_1, x_2)	$\varnothing$	$\varnothing$
$ax^2+bx+c\leqslant 0$	$[x_1, x_2]$	$\{x_0\}$	$\varnothing$

说明：表中 $\Delta=b^2-4ac$，$x_1<x_2$．

课堂练习

1．解下列不等式．

（1）$x^2-x-6>0$；　　（2）$x^2<9$；

（3）$2x^2-3x-2>0$；　　（4）$2x^2-4x+2<0$．

2．解下列不等式．

（1）$3x^2+5x-2>0$;；　　（2）$x^2+4x+5<0$；

（3）$-x^2+x+6\geqslant 0$；　　（4）$-2x^2+4x-3\leqslant 0$．

2.2.4 含有绝对值的不等式的解法

对任意实数 x，其绝对值的几何意义是：数轴上表示实数 x 的点到原点的距离. 因此

$$|x|=\begin{cases}x, & x>0,\\ 0, & x=0,\\ -x, & x<0.\end{cases}$$

所以，我们可以得到：$|2|=2$，$|-2|=-(-2)=2$；如图 2-7（1）和图 2-7（2）所示.

那么，$|x|<a$ 或 $|x|>a$（$a>0$）的几何意义就是 x 到原点的距离小于 a 或大于 a 的所有实数 x 构成的集合，如 $|x|<2$ 的解集是（-2，2），在数轴上表示如图 2-7（3）所示；

$|x|>2$ 的解集为（$-\infty$，-2）$\cup$（2，$+\infty$），如图 2-7（4）所示.

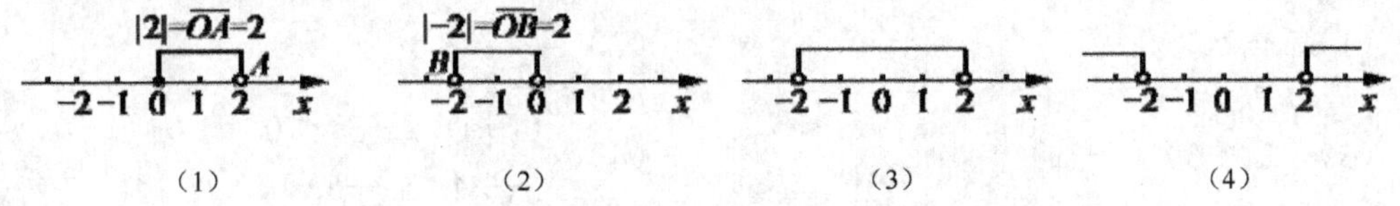

图 2-7

一般地，不等式 $|x|<a$（$a>0$）的解集是（$-a$，a）；不等式 $|x|>a$（$a>0$）的解集是（$-\infty$，$-a$）$\cup$（a，$+\infty$）.

【例 2.2.8】 解不等式 $|2x-3|<5$.

解：$|2x-3|<5 \Leftrightarrow -5<2x-3<5 \Leftrightarrow -1<x<4$.

所以，原不等式的解集为（-1，4）.

【例 2.2.9】 解不等式 $|2x-3|\geqslant 5$.

解：原不等式等价于 $2x-3\leqslant -5$ 或 $2x-3\geqslant 5$，即 $x\leqslant -1$ 或 $x\geqslant 4$.

所以原不等式的解集为（$-\infty$，-1]$\cup$[4，$+\infty$）.

课堂练习

解下列各不等式.

（1）$2|x|\geqslant 8$；　　（2）$|x|<2.6$；

（3）$|x|-1>0$；　　（4）$|x+4|>9$；

（5）$\left|x+\frac{1}{4}\right|\leqslant\frac{1}{2}$；　　（6）$\left|\frac{1}{2}x+1\right|\geqslant 2$.

知识点拓展

（1）对于形如 $\frac{x-1}{x+2}>0$（或 <0）的不等式如何解？能否利用一元二次不等式的解法求解？

（2）对于形如 $(x-1)(x+2)(x-3)<0$（或 >0）的不等式，能否利用一元二次不等式的解法求解？

习题 2.2

1．已知：

（1）集合 $A=(-2, 3]$，集合 $B=(0, 5]$，求 $A\cup B$，$A\cap B$；

（2）集合 $A=(-2, +\infty)$，集合 $B=(-\infty, 5)$，求 $A\cup B$，$A\cap B$.

2．已知全集为 **R**，集合 $A=(-1, 3]$，集合 $B=(0, 4)$，求：

（1）$A\cup B$，$A\cap B$；　　（2）$\complement_u A$，$\complement_u B$；

（3）$\complement_u A\cup\complement_u B$；　　（4）$\complement_u A\cap\complement_u B$.

3．解下列各不等式及不等式组.

（1）$3-2x>1$；　　（2）$\dfrac{x+3}{2}\leqslant 0$；

（3）$(2x+3)(4-x)>4$；　　（4）$\begin{cases}(x+1)(x-3)<0\\3x+4<5x-6.\end{cases}$

4．解下列各不等式.

（1）$4x^2-1\geqslant 1$；　　（2）$x^2+x+3\geqslant 0$；

（3）$2x^2+3x-6<3x^2+x-1$；　　（4）$-x^2-3x+10\geqslant 0$.

5．解下列各不等式.

（1）$\left|\dfrac{1}{3}x\right|\geqslant 7$；　　（2）$|10x|>\dfrac{2}{5}$；

（3）$|x-6|<0.1$；　　（4）$3\leqslant|8-x|$.

2.3　不等式的应用

下面我们通过例题说明不等式的应用.

【例 2.3.1】商场按每套 90 元的价格购进 40 套童装，应缴纳的税费为销售额的 10%，如果要获得不低于 900 元的纯利润，每套童装的售价至少是多少？

解：设每套的售价为 x，利润为 R，则由题知

$$R=40x(1-10\%)-90\times 40$$

$$=36x-3600\geqslant 900$$

解得

$$x\geqslant 125.$$

所以，每套童装的售价至少是 125 元.

【例 2.3.2】甲乙两个商店以同样的价格出售同一种商品，但推出不同的促销方式：在甲商店累计购买这种商品满 100 元后，再购买的商品按原价的 90%收费；在乙商店累计购买这种商品满 200 元后，再购买的商品按原价的 85%收费，问顾客累计购买这种商品多少元时，才能在甲商店获得更多实惠？

解：设顾客累计购买这种商品的总价低于 x 元时，在甲商店能获得实惠，即这时顾客在甲商店所支付的总货款小于在乙商店所付货款，即

$$100+(x-100)\times 90\%<200+(x-200)\times 85\%$$

解得

$$x<400.$$

所以，当顾客累计购买这种商品低于 400 元时，才能在甲商店获得实惠.

课堂练习

1．橘子的进价是 1 元，销售中估计有 5%的损耗，商家至少把售价定为多少时，才能避免亏本？

2．某工厂生产的产品每件售价是 80 元，产品的生产成本是 60 元，该厂每月其他固定开支是 50 000 元. 假定工厂生产的产品全部都能销售，如果工厂计划每月至少获得 200 000 元的利润，则每月的产量是多少？

习题 2.3

1．某人销售苹果，每斤进价为 3 元，售价为 5 元. 如果他想每月获得不低于 6000 元的收入，则他每月至少应卖掉多少斤苹果？

2．园林工人计划用总长为 20m 的材料在靠墙的位置围出一块矩形的花圃，如果要使得花圃的面积不小于 42m^2，则他如何确定矩形的长和宽？

3．某种商品的销售量 x 与它的销售单价 p 之间的关系是 $p=275-3x$，与总成本 q 之间的关系是 $q=500+5x$，若每月要获得 5500 元利润，则至少要销售多少件该商品？

4．某种品牌的汽车在路面上的刹车距离 s（m）与汽车车速 x（km/h）之间有如下关系：

$$s=0.05x+\frac{x^2}{180}.$$

在一次交通事故中，测得这种车的刹车距离大于 12m，问这辆车在刹车前的车速是多少？

复习题 2

1．选择题.

（1）不等式组 $\begin{cases} x\leqslant \dfrac{1}{2} \\ x>-2 \end{cases}$ 的解集用区间表示为（　　）.

A．$\left(-2,\ \dfrac{1}{2}\right)$　　　　B．$\left[-2,\ \dfrac{1}{2}\right]$

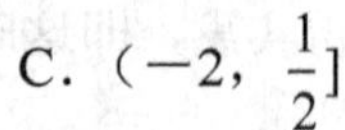

C．$(-2, \frac{1}{2}]$　　D．$[-2, \frac{1}{2})$

（2）$x>2$ 且 $x>5$ 的解集是（　　）．

A．$(-\infty, 2)$　　B．$(2, 5)$

C．$(5, +\infty)$　　D．$[2, 5]$

（3）$x<-2$ 且 $x>5$ 的解集是（　　）．

A．$\varnothing$　　B．$(2, 5)$

C．$(5, +\infty)$　　D．$(-\infty, 2)$

（4）$|3x-2|>1$ 的解集是（　　）．

A．$(-\infty, -\frac{1}{3})\cup(1, +\infty)$　　B．$(-\frac{1}{3}, -1)$

C．$(-\infty, \frac{1}{3})\cup(1, +\infty)$　　D．$(\frac{1}{3}, 1)$

2．填空题．

（1）不等式 $2|x|-5>3$ 的解集为____________．

（2）已知集合 $A=[2, 4]$，集合 $B=(-2, 3]$，则 $A\cap B=$____________．

（3）不等式组 $\begin{cases} x-4\leqslant 2 \\ x>-1 \end{cases}$ 的解集为____________．

（4）不等式 $(2+x)(1-x)>0$ 的解集为____________．

3．解下列各不等式（组）．

（1）$7(x-2)\leqslant 4x+1$；　　（2）$\begin{cases} 2x-1\geqslant 3 \\ 3x-2<7; \end{cases}$

（3）$x^2-3x\geqslant 0$；　　（4）$x^2-x-6<0$；

（5）$x^2-x+5\leqslant 0$；　　（6）$2x^2+3x+2>0$；

（7）$|x+5|<2$；　　（8）$|3x-4|-1\geqslant 2$．

4．（1）用长 6m 的条形木料，做一个“日”字形的窗框．问窗框的高与宽各为多少时，窗口的透光面积最大？最大面积是多少？

（2）某工厂生产一类产品，每月固定成本是 12 万元，每件产品变动成本是 20 元，单价是 50 元．如果工厂每月要至少获得 2 万元利润，则每月需要销售多少件产品？

数学家的故事　柯　西

奥古斯丁·路易斯·柯西（Augustin Louis Cauchy，1789－1857 年），1789 年出生于巴黎，法国著名的数学家，在数学领域有很高的建树和造诣．很多数学的定理和公式也都以他的名字来命名，如柯西不等式、柯西积分公式等．

柯西的父亲是法国波旁王朝的一位官员．柯西在幼年时，他的父亲常带他到法国参议院内的办公室，并且在那里指导他学习，因此他有机会遇到参议员拉普拉斯和拉格朗日两位大数学家，并受到他们的指导. 他们对柯西的才能十分赏识，拉格朗日认为柯西将来必定会成为大数学家. 1805年，柯西考入综合工科学校，主要学习数学和力学. 1807年考入桥梁公路学校，1810年以优异成绩毕业，前往瑟堡参加海港建设工程. 柯西于1813年在巴黎被任命为运河工程的工程师，于1815年获法国科学院数学大奖，1816年先后被任命为法国科学院院士和综合工科学校教授，1821年又被任命为巴黎大学力学教授.

柯西最重要和最具首创性的工作是关于复变函数论的. 18世纪的数学家们采用过上、下限是虚数的定积分，但没有给出明确的定义. 柯西首先阐明了相关概念，并且用这种积分来研究多种多样的问题，如实定积分的计算、级数与无穷乘积的展开、用含参变量的积分表示微分方程的解等等. 柯西在综合工科学校所授的分析课程及有关教材给数学界带来了极大的影响. 自从牛顿和莱布尼茨发明微积分（即无穷小分析，简称分析）以来，这门学科的理论基础是模糊的. 为了进一步发展该学科，必须建立严格的理论. 柯西为此首先成功地建立了极限论. 他创立了积分几何，得到了把平面凸曲线的长用它在平面直线上一些正交投影表示出来的公式. 柯西在分析方面最深远的贡献是常微分方程领域. 他首先证明了方程解的存在性和唯一性. 在他以前，没有人提出过这种问题. 通常认为柯西提出了三种主要方法，即柯西-利普希茨法，逐渐逼近法和强级数法，实际上以前这三种方法也用于解的近似计算和估计. 柯西的最大贡献是提出通过计算强级数，可以证明逼近步骤收敛，其极限就是方程的所求解.

柯西是一位多产的数学家，虽然柯西主要研究分析学，但是在数学的各领域都有贡献. 他的全集从1882年开始出版到1974年才出版完最后一卷，总计28卷. 柯西直到逝世前仍不断参加学术活动，不断发表科学论文.

第3章

函　　数

本章导读

在初中数学学习中，我们已经知道了一些基本函数的概念和几个具体函数，如正比例函数、反比例函数、一次函数、二次函数等．本章在初中学习的基础上，利用前两章所学的集合等概念来进一步研究函数的概念、性质及一次函数、二次函数的应用．

3.1　函数的概念

3.1.1　函数的定义

总结以前学习过程中对函数的理解，我们知道，函数就是两个变量 x 和 y 之间的对应，若对于每一个确定的 x，都有唯一确定的 y 值和它对应，就说 y 是 x 的函数．因此，我们定义函数如下：

在一个变化过程中有两个变量 x、y，对于 x 在某一范围内的每一个值，按照某种对应法则 f，y 都有唯一确定的值与它对应，则称 y 是 x 的**函数**，记作 $y=f(x)$．其中 x 称为**自变量**，f 是**对应法则**．

下面举例说明：

（1）一次函数 $y=2x+1$，对于实数集 $\mathbf{R}$ 上的每一个 x 值，通过式子 $y=2x+1$，即 x 的 2 倍加 1 对应一个 y 值，如当 $x=1$ 时，$y=3$；当 $x=5$ 时，$y=11$．

（2）二次函数 $y=2x^2+3x+1$，当 $x=1$ 时，$y=6$；当 $x=3$ 时，$y=28$．

（3）圆的面积与其半径之间的对应关系，实际上就是圆的面积为半径的函数．

【例 3.1.1】已知 $f(x)=x+2$，求 $f(3)$，$f(-1)$．

解：由 $f(x)=x+2$，得 $f(3)=3+2=5$，所以

$$f(-1)=-1+2=1.$$

课堂练习

1．已知 $f(x)=3x-5$，求 $f(0)$，$f(1)$，$f(-1)$．

2．已知 $f(x)=2x^2-x+3$，求 $f(1)$，$f(-x)$，$f(1+x)$．

知识点拓展

1．$y=f[f(x)]$ 中，y 和 x 间的对应是函数吗？如果是，则函数的自变量是什么？

2．函数的对应法则与表示它的符号有没有关系？

3.1.2　函数的定义域与值域

1．定义域

函数的**定义域**是指自变量的取值范围，即全体自变量构成的集合．根据实际问题的不同，函数的定义域是由该函数的对应法则和实际条件确定的，即函数既然是一个变量与另一个变量之间的对应，那么其定义域就是使这种对应存在或有意义的自变量的集合．

【例 3.1.2】求下列函数的定义域．

（1）$f(x)=\dfrac{1}{x-2}$；　　（2）$f(x)=\sqrt{x-1}$；　　（3）$f(x)=\dfrac{\sqrt{x-1}}{x-2}$．

解：（1）要使函数有意义，则 $x-2\neq 0$，即 $x\neq 2$，所以函数的定义域是

$$\{x \mid x\neq 2\};$$

（2）要使函数有意义，则 $x-1\geqslant 0$，即 $x\geqslant 1$，所以函数的定义域是

$$\{x \mid x\geqslant 1\};$$

（3）要使函数有意义，则 $x-2\neq 0$ 且 $x-1\geqslant 0$，即 $x\neq 2$ 且 $x\geqslant 1$，所以函数的定义域是

$$[1,2)\cup(2,+\infty).$$

2．值域

函数的**值域**是指一个函数的所有函数值所构成的集合．

【例 3.1.3】已知函数 $f(x)=4x-1$，$x\in\{0,1,2,3\}$，求函数的值域．

解：因为 $f(0)=4\times 0-1=-1$，

$f(1)=4\times 1-1=3$，

$f(2)=4\times 2-1=7$，

$f(3)=4\times 3-1=11$．

所以，函数的值域是 $\{-1,3,7,11\}$．

函数的定义域和对应法则是函数的两个要素，它们确定了，函数的值域也就确定了．定义域不同，对应法则相同或定义域相同，对应法则不同的函数都不是同一个函数．

【例 3.1.4】判断下列函数是否是同一个函数．

（1）$y=x+1$ 与 $y=x-1$；

（2）$y=x+2$（$x\in\mathbf{N}$）与 $y=x+2$（$x\in\mathbf{Z}$）．

解：（1）不是，因为它们的对应法则不同；

（2）不是，因为它们的自变量 x 的取值范围不同，即定义域不同．

课堂练习

1．求下列函数的定义域．

（1）$f(x)=\dfrac{1}{x-5}$；　　（2）$f(x)=\sqrt{x-1}+\sqrt{x+3}$；

（3）$f(x)=\sqrt{x}-\sqrt{-x}$．

2．判断下列函数是不是同一个函数．

（1）$f(x)=\sqrt{x^2}$ 和 $f(x)=x$；

（2）$f(x)=\dfrac{x^2}{x}$ 和 $g(x)=x$；

（3）$f(x)=x^2-1$ 和 $g(x)=(x-1)^2$．

3.1.3　函数的表示方法

函数的表示方法通常有三种．

1. 解析法

在【例 3.1.2】、【例 3.1.3】中，将两个变量 x 和 y 间的函数关系用等式来表示，这种用等式表示函数的方法称为**解析法**，这个等式称为函数的**解析式**．如一次函数的解析式是 $y=kx+b$，二次函数的解析式是 $y=ax^2+bx+c$（$a\neq0$）等．

2. 列表法

某班期中数学考试成绩和每个同学的学号的对应关系，也是一种函数关系，但用解析法表示有些困难，因而常用表格的形式将全班成绩和姓名、学号对应出来，这种方法就是函数的列表法，即用表格表示两个变量 x 和 y 间的函数关系的方法称为**列表法**．

如某小区的卖食品饮料的小卖部，为了计费方便，将购买饮料瓶数 x 与应付款 y 之间的对应关系列成表格，如表 3-1 所示．

表 3-1

x/瓶	1	2	3	4	5	6	7	8	9	…
y/元	2.5	5	7.5	10	12.5	15	17.5	20	22.5	…

这个表格清晰地反映出函数 y 和自变量 x 之间的关系．

3. 图像法

有时不仅要将函数直观地表示出来，还需要了解函数随自变量变化而变化的趋势，这就是我们要讲的函数的图像法表示．

把自变量 x 和对应函数 y 的值分别作为点的横坐标和纵坐标，在平面直角坐标系中描出相应的点，这些点的集合就是这个函数的图像．用函数图像表示两个变量之间的函数关系的方法称为**图像法**．

【例 3.1.5】分别作出下列函数的图像．

（1）$y=x+1$；　　（2）$y=x^2+2x-3$；　　（3）$y=2x$（$x\in\mathbf{N}$）．

解：（1）一次函数的图像是一条直线，而两点确定一条直线，所以只要确定两点即可画出 $y=x+1$ 的图像．

取点（0，1）和点（−1，0），作 $y=x+1$ 的图像如图 3-1 所示．

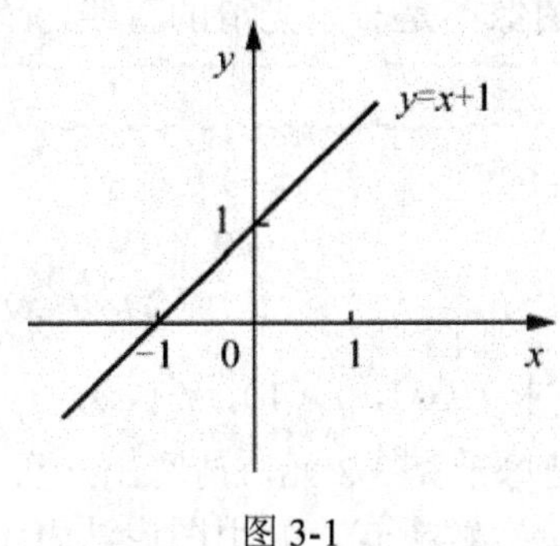

图 3-1

（2）二次函数的图像是一条抛物线，通过选取自变量 x 具有代表性的若干值，求出对应的函数值 y，列出表格，通过以 x 为横坐标，以对应的 y 为纵坐标，在直角坐标系中依次描出相应的点，再将这些点联结成光滑的曲线，即可作出函数的图像．这种作函数图像的方法称为**描点法**．

函数 $y=x^2+2x-3$ 是一条开口向上，顶点为（-1，-4），对称轴为 $x=-1$ 的抛物线，它与 x 轴的两个交点分别为（-3，0）和（1，0），画出它的图像如图 3-2 所示．

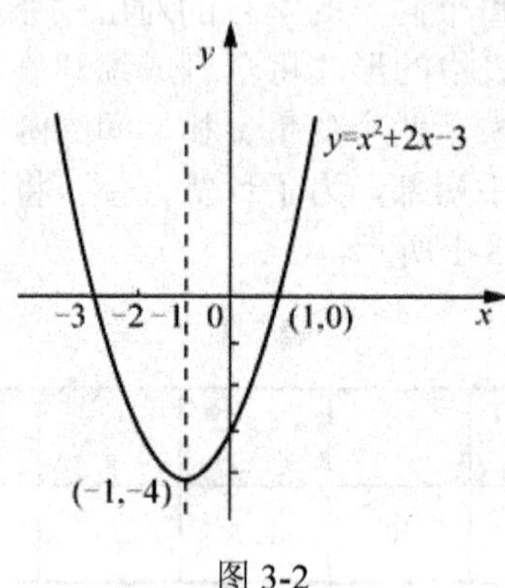

图 3-2

（3）用和（1）相同的分析方法，作出 $y=2x$（$x\in\mathbf{N}$）的图像如图 3-3 所示．

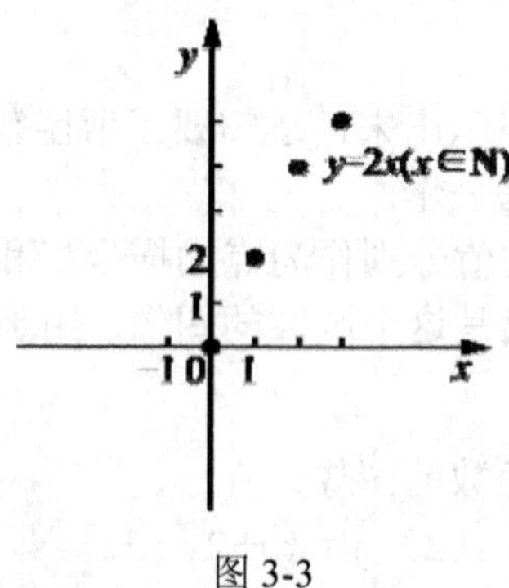

图 3-3

思考

为什么 $y=2x$（$x\in\mathbf{N}$）的图像不是一条光滑的直线，而是一些独立的点？

课堂练习

1．求下列函数的定义域．

（1）$f(x)=\dfrac{1}{x+4}$；　　（2）$f(x)=\sqrt{x^2-6x+5}$．

2．已知 $f(x)=3x-2$，求 $f(0)$，$f(1)$，$f(a)$．

3．市场上土豆的价格是每千克 3.2 元，请写出购买土豆数量 x（千克）与其对应付款金额 y（元）之间的函数解析式，并用图像法表示这个函数．

习题 3.1

1．求下列函数的定义域．

（1）$y=x^2+2x-3$；　（2）$y=\frac{1}{x-5}$；　（3）$y=\sqrt{3x^2+2x-1}$．

2．在网上购买一种商品要支付固定的运费 50 元，假如这种商品的价格为每件 20 元，请写出应付款 y（元）与购买数量 x（件）的函数解析式．

3．设函数 $f(x)=x^2-x$，求 $f(0)$，$f(-2)$，$f(a)$．

4．作出下列函数的图像．

（1）$y=2x+1$，$x\in\{-1, 0, 1, 2, 3\}$；　（2）$y=2-x$，$x\in[0, 2]$；

（3）$y=-\frac{2}{x}$；　（4）$y=\frac{4}{x}$；

（5）$y=-x^2+3x+4$．

3.2　函数的性质

3.2.1　函数的单调性

在上节【例 3.1.8】函数图像图 3-2 中可以看出，在（$-\infty$，-1）上，函数值随着自变量的增大而减小，而在（-1，$+\infty$）上，函数值随着自变量的增大而增大．函数的这种性质就是它的单调性．

一般地，如果函数 $y=f(x)$ 在其定义域的某个区间（a，b）内，对任意的 x_1，$x_2\in$（a，b），当 $x_1<x_2$ 时，都有 $f(x_1)<f(x_2)$，则函数 $y=f(x)$ 称为区间（a，b）内的增函数，区间（a，b）称为函数 $y=f(x)$ 的增区间；反之，当 $x_1<x_2$ 时，都有 $f(x_1)>f(x_2)$，则函数 $y=f(x)$ 称为区间（a，b）内的减函数，区间（a，b）称为函数 $y=f(x)$ 的减区间．

如果函数 $y=f(x)$ 在区间（a，b）内是增函数（或减函数），则称函数 $y=f(x)$ 在区间（a，b）内具有**单调性**，区间（a，b）称为它的**单调区间**．

如图 3-4（1）和图 3-4（2）所示，显然图 3-4（1）所示函数 $f(x)$ 是增函数，图 3-4（2）所示函数 $f(x)$ 是减函数．

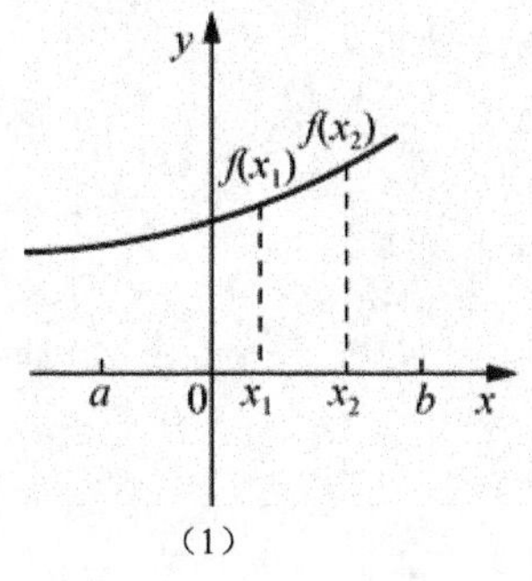

（1）

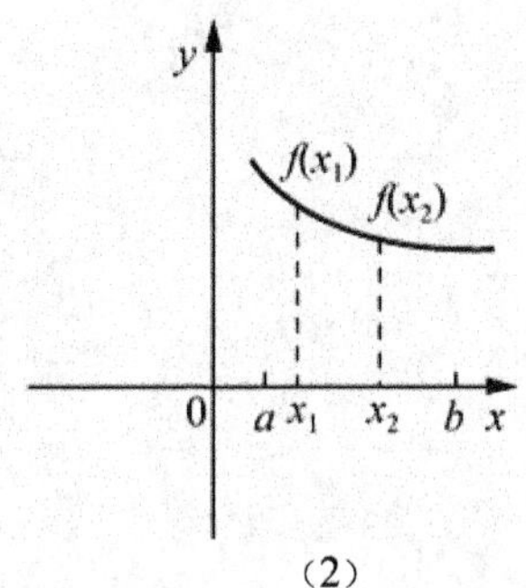

（2）

图 3-4

我们可以根据函数单调性的定义，判定函数的单调性；也可以通过函数的图像，观察判断函数的单调性．

【例 3.2.1】 小明从家里出发，去学校取书，顺路将自行车还给王伟同学．小明先骑自行车 30 分钟，到王伟家送还自行车后，又步行 10 分钟到学校取书，最后乘公交车 20 分钟回家．这段时间内，小明离开家的距离 s 与时间 x 的关系如图 3-5 所示．指出该函数的单调性．

解：由图像可以看出，函数在（0，40）上是增函数，（0，40）是增区间；函数在（40，60）上是减函数，（40，60）是减区间．

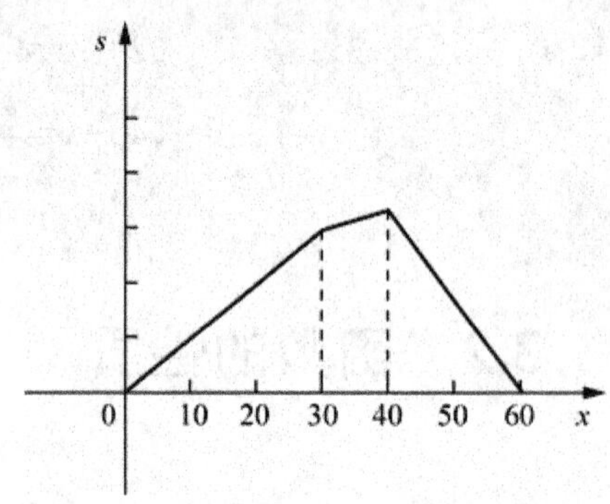

图 3-5

【例 3.2.2】 判断函数 $y=4x-2$ 的单调性．

解法一：利用函数的图像判断．

作出函数 $y=4x-2$ 的图像如图 3-6 所示，显然函数在其定义域（$-\infty$，$+\infty$）上为增函数．

解法二：根据定义来判断．

在函数的定义域（$-\infty$，$+\infty$）上，任取 $x_1<x_2\in$（$-\infty$，$+\infty$），则 $x_1-x_2<0$，$y_1-y_2=4x_1-2-(4x_2-2)=4(x_1-x_2)<0$，即

$$y_1<y_2,$$

所以函数 $y=4x-2$ 在其定义域（$-\infty$，$+\infty$）上是增函数．

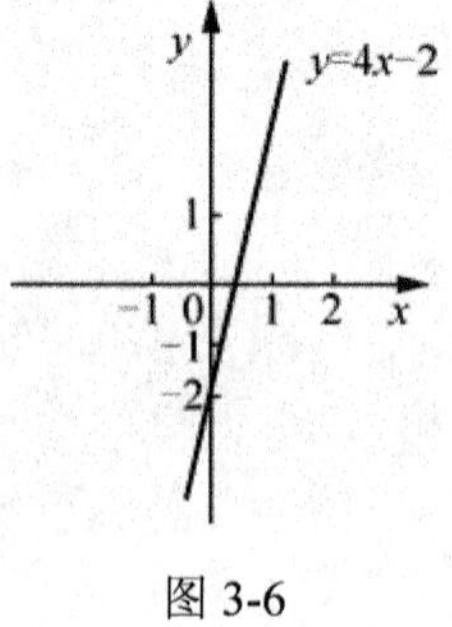

图 3-6

课堂练习

1. 已知函数图像如图 3-7 所示.

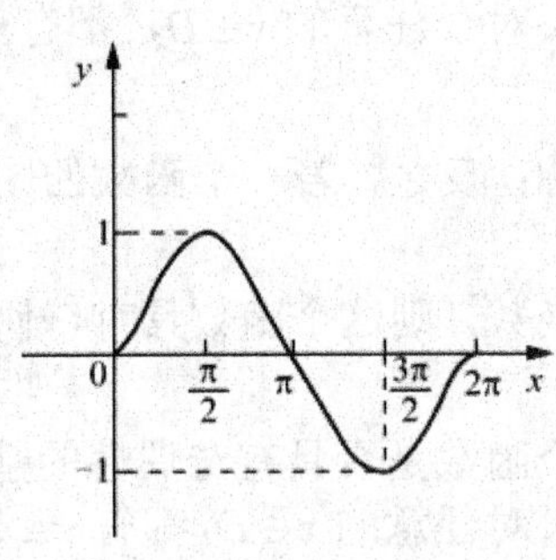

图 3-7

（1）根据图像说出函数的单调区间以及函数在各单调区间内的单调性；

（2）写出函数的定义域和值域.

2. 研究一次函数 $y=kx+b$ 的图像，指出当 k 取何值时函数是增函数？当 k 取何值时，函数是减函数？

3.2.2　函数的奇偶性

在研究函数时我们发现，有些函数的定义域关于原点对称，即对于其定义域 D 内的任意一个 $x\in D$，都有 $-x\in D$，且其对应的函数值存在如下的特殊关系：$f(-x)=-f(x)$ 或 $f(-x)=f(x)$，这就是函数的奇偶性. 如 $f(x)=x^2$，其定义域是 $(-\infty, +\infty)$，对于定义域内的任意 $x\in(-\infty, +\infty)$，都有 $-x\in(-\infty, +\infty)$，且 $f(-x)=f(x)$，我们称 $f(x)=x^2$ 是偶函数.

设函数的定义域为 D，如果对于任意的 $x\in D$，都有 $-x\in D$，且 $f(-x)=f(x)$，那么函数 $f(x)$ 称为**偶函数**.

这时由于点 $p(x, f(x))$ 和 $p'(-x, f(-x))$（即点 $(-x, f(x))$）关于 y 轴对称，所以偶函数的图像关于 y 轴对称. 反之，若一个函数的图像关于 y 轴对称，则这个函数必然是偶函数，如图 3-8 所示.

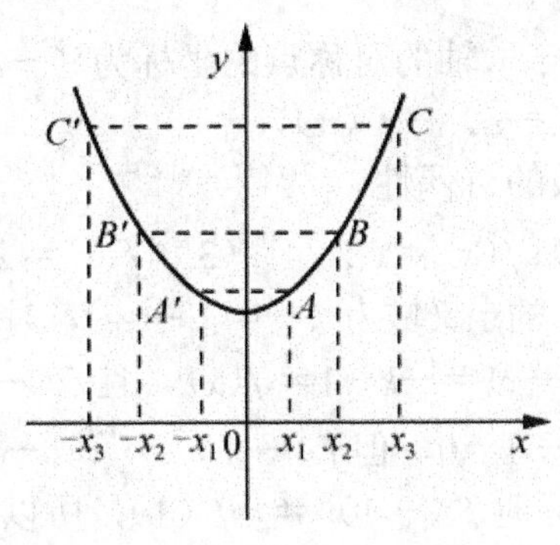

图 3-8

函数的图像关于原点中心对称时，对任意的 $x\in D$，都有$-x\in D$，且图像上任意一点 $p(x, f(x))$关于原点的对称点$p'(-x, f(-x))$仍在图像上，因为$-x$ 对应的函数值为$f(-x)$，所以$f(x)=-f(-x)$，因此定义如下：

设函数的定义域为 D，如果对于任意的$x\in D$，都有$-x\in D$，且$f(-x)=-f(x)$，那么函数$f(x)$称为**奇函数**.

奇函数的图像关于原点对称；反之，若一个函数的图像关于原点对称，则这个函数一定是奇函数，如图 3-9 所示.

若一个函数是奇函数或偶函数，则这个函数具有奇偶性. 不具有奇偶性的函数称为非奇非偶函数.

由定义可以知道，判断一个函数是否具有奇偶性的基本方法如下：

(1)求出函数的定义域,如果对任意的$x\in D$,都有$-x\in D$,则分别计算出对应的$f(x)$和$f(-x)$，然后根据定义判断函数的奇偶性；

(2) 如果存在某个$x_0\in D$，但$-x_0\notin D$，则这个函数一定是非奇非偶函数.

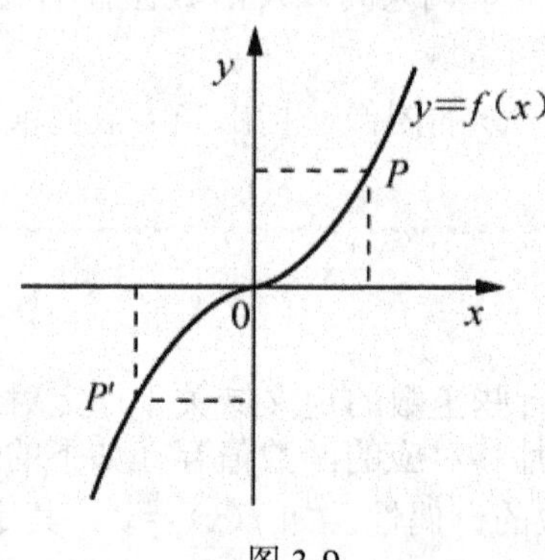

图 3-9

【例 3.2.3】(1) 已知点$P(-2, 3)$，写出点P关于x轴的对称点的坐标；

(2) 已知点$P(x, y)$，写出点P关于y轴的对称点及关于原点的对称点的坐标；

(3) 设函数$y=f(x)$，在函数图像上任取一点$P(a, f(a))$，写出点P关于y轴及原点的对称点的坐标.

解：(1) 点$P(-2, 3)$关于x轴的对称点的坐标为$(-2, -3)$.

(2) 点$P(x, y)$关于y轴的对称点的坐标为$(-x, y)$；点$P(x, y)$关于原点的对称点的坐标为$(-x, -y)$.

(3) 点$P(a, f(a))$关于y轴的对称点的坐标为$(-a, f(a))$，点$P(a, f(a))$关于原点的对称点的坐标为$(-a, -f(a))$.

【例 3.2.4】判断下列函数的奇偶性.

(1) $f(x)=x-1$;　(2) $f(x)=x^3$;　(3) $f(x)=2x^2+1$;　(4) $f(x)=\sqrt{x}$.

解：(1) 函数$f(x)=x-1$的定义域为$(-\infty, +\infty)$，对任意的$x\in(-\infty, +\infty)$，都有$-x\in(-\infty, +\infty)$，而$f(-x)=-x-1\neq f(x)$，且$f(-x)=-x-1\neq-f(x)$，如

$$f(1)=1-1=0，但f(-1)=-1-1=-2,$$

显然$f(-1)\neq f(1)$，同时$f(-1)\neq-f(1)$，所以函数$f(x)=x-1$既不是奇

函数也不是偶函数；

（2）函数 $f(x)=x^3$ 的定义域为（$-\infty$，$+\infty$），对任意的 $x\in$（$-\infty$，$+\infty$）都有 $-x\in$（$-\infty$，$+\infty$），且 $f(-x)=(-x)^3=-x^3=-f(x)$，所以 $f(x)=x^3$ 是奇函数；

（3）函数 $f(x)=2x^2+1$ 的定义域是（$-\infty$，$+\infty$），对任意的 $x\in$（$-\infty$，$+\infty$）都有 $-x\in$（$-\infty$，$+\infty$），且 $f(-x)=2(-x)^2+1=2x^2+1=f(x)$，所以函数 $f(x)=2x^2+1$ 是偶函数；

（4）函数 $f(x)=\sqrt{x}$ 的定义域为 $[0,+\infty)$，显然 $1\in[0,+\infty)$，但 $-1\notin[0,+\infty)$，所以函数 $f(x)=\sqrt{x}$ 是非奇非偶函数．

课堂练习

1．求满足下列条件的点的坐标．

（1）与点（-2，1）关于 x 轴对称；

（2）与点（-1，-3）关于 y 轴对称；

（3）与点（2，-1）关于坐标原点对称；

（4）与点（-1，0）关于 y 轴对称．

2．判断下列函数的奇偶性．

（1）$f(x)=2x$；　　（2）$f(x)=\dfrac{1}{x^2}$；

（3）$f(x)=-x+1$；　　（4）$f(x)=-3x^2+2$．

习题 3.2

1．若函数的图像如图 3-10 所示．

（1）写出该函数的定义域和值域；

（2）写出该函数的最大值和最小值；

（3）写出该函数的单调区间．

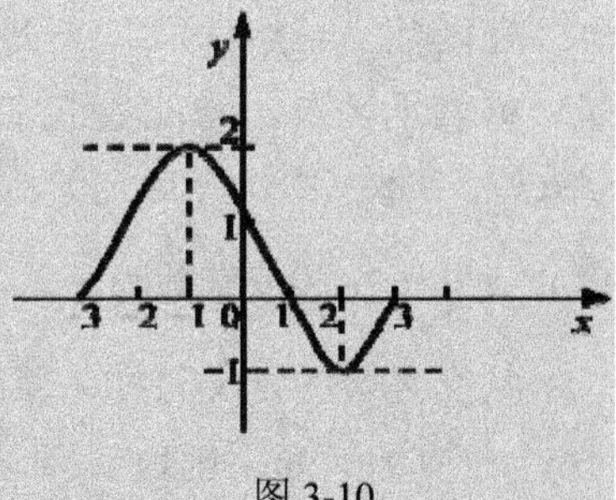

图 3-10

2．判断下列函数的奇偶性．

（1）$f(x)=\dfrac{1}{2}x$；　　（2）$f(x)=-2x+5$；

（3）$f(x)=x^4+x^2-1$；　　（4）$f(x)=2x^3-x$．

3．根据图 3-11 中各函数图像判断各函数的奇偶性．

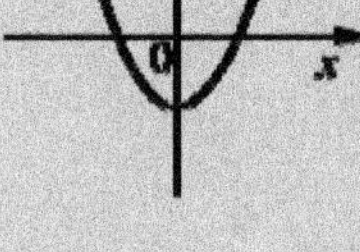

（1）

（2）

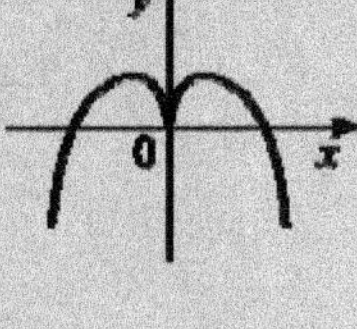

（3）

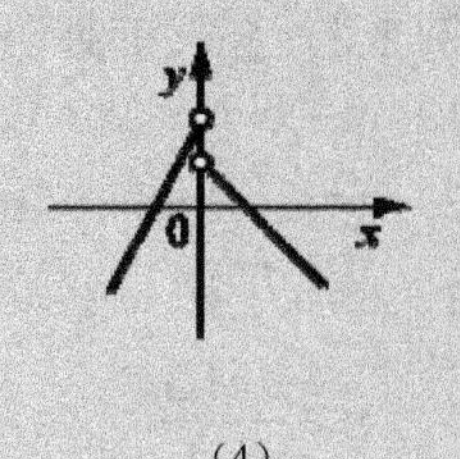

（4）

图 3-11

4. 设函数 $f(x)=-\frac{1}{x}$，在区间（0，+∞）内讨论下列问题：

（1）当 $x_1=1$ 及 $x_2=3$ 时，比较 $f(x_1)$ 与 $f(x_2)$ 的大小；

（2）任取 x_1，$x_2\in(0,+\infty)$，且 $x_1<x_2$，比较 $f(x_1)$ 与 $f(x_2)$ 的大小；

（3）由（2）所得的结论判断函数 $f(x)=-\frac{1}{x}$ 在区间（0，+∞）上的单调性.

5. 判断函数 $f(x)=x^2-1$ 在区间（-∞，0）上的单调性.

3.3 反 函 数

3.3.1 反函数的概念

通过前面的学习，我们知道，函数实质上就是两个变量之间的某种对应关系，所以在实际问题中自变量和函数往往是相对而言的. 例如，在物体作匀速直线运动的过程中，位移 s 是时间 t 的函数，即 $s=vt$，其中速度 v 是常量. 反过来，如果知道位移 s 和速度 v，也可以通过 $s=vt$ 求出时间 $t=\frac{s}{v}$，这时位移 s 是自变量，时间 t 是函数. 我们把函数 $t=\frac{s}{v}$ 称为函数 $s=vt$ 的反函数.

一般地，若设函数 $y=f(x)$，其定义域为 D，值域为 C，由 $y=f(x)$ 解得 $x=\psi(y)$，对于 y 在 C 中的每一个值，通过 $x=\psi(y)$，x 在 D 中都有唯一的值和它对应，则称 $x=\psi(y)$ 是原函数 $y=f(x)$ 的**反函数**，记作 $x=f^{-1}(y)$.

在函数 $x=f^{-1}(y)$ 中，y 是自变量，x 是函数. 但是习惯上，我们一般用 x 表示自变量，y 表示函数，为此我们常常对调函数 $x=f^{-1}(y)$ 中的字母 x，y，把它改写成 $y=f^{-1}(x)$.（本书中，今后凡无特别说明，函数 $y=f(x)$ 的反函数都采用这种经过改写的形式）. 如 $y=2x$ 的反函数为 $y=\frac{x}{2}$（$x\in\mathbf{R}$），函数 $y=5x-6$ 的反函数为 $y=\frac{x+6}{5}$（$x\in\mathbf{R}$）等.

从反函数的定义可知，原函数与其反函数是两个相对的概念，即 $y=f(x)$ 的反函数是 $y=f^{-1}(x)$，那么函数 $y=f^{-1}(x)$ 的反函数就是 $y=f(x)$，即 $y=f(x)$ 和 $y=f^{-1}(x)$ 互为反函数.

【例 3.3.1】 求下列函数的反函数.

（1）$y=3x-1$（$x\in\mathbf{R}$）；

（2）$y=x^3+1$（$x\in\mathbf{R}$）；

（3）$y=\sqrt{x}+1$（$x\geqslant 0$）；

（4）$y=\frac{2x+3}{x-1}$（$x\in\mathbf{R}$，$x\neq 1$）.

解：（1）由函数 $y=3x-1$（$x\in\mathbf{R}$），解得 $x=\dfrac{y+1}{3}$，所以，函数 $y=3x-1$（$x\in\mathbf{R}$）的反函数为

$$y=\frac{x+1}{3}\ （x\in\mathbf{R}）;$$

（2）由函数 $y=x^3+1$（$x\in\mathbf{R}$），解得 $x=\sqrt[3]{y-1}$（$x\in\mathbf{R}$），所以，函数 $y=x^3+1$（$x\in\mathbf{R}$）的反函数为

$$y=\sqrt[3]{x-1}\ （x\in\mathbf{R}）;$$

（3）由函数 $y=\sqrt{x}+1$（$x\geqslant 0$），解得 $x=(y-1)^2$，所以，函数 $y=\sqrt{x}+1$（$x\geqslant 0$）的反函数是

$$y=(x-1)^2\ （x\geqslant 1）;$$

（4）由函数 $y=\dfrac{2x+3}{x-1}$（$x\in\mathbf{R}$，$x\neq 1$），解得 $x=\dfrac{y+3}{y-2}$，所以，函数 $y=\dfrac{2x+3}{x-1}$（$x\in\mathbf{R}$，$x\neq 1$）的反函数是

$$x=\frac{y+3}{y-2}\ （x\in\mathbf{R}，且\ x\neq 2）.$$

3.3.2　互为反函数的函数图像间的关系

如果函数 $y=f(x)$（$x\in A$）的反函数是 $y=f^{-1}(x)$，那么在直角坐标系 xOy 中，它们的图像有什么关系呢？我们通过例题来观察．

【例 3.3.2】求函数 $y=3x-2$（$x\in\mathbf{R}$）和 $y=x^3$（$x\in\mathbf{R}$）的反函数，并且画出原函数和其反函数的图像．

解：（1）由 $y=3x-2$ 得 $x=\dfrac{y+2}{3}$，所以函数 $y=3x-2$ 的反函数是

$$y=\frac{x+2}{3}\ （x\in\mathbf{R}）.$$

函数 $y=3x-2$（$x\in\mathbf{R}$）和 $y=\dfrac{x+2}{3}$（$x\in\mathbf{R}$）的图像如图 3-12 所示．

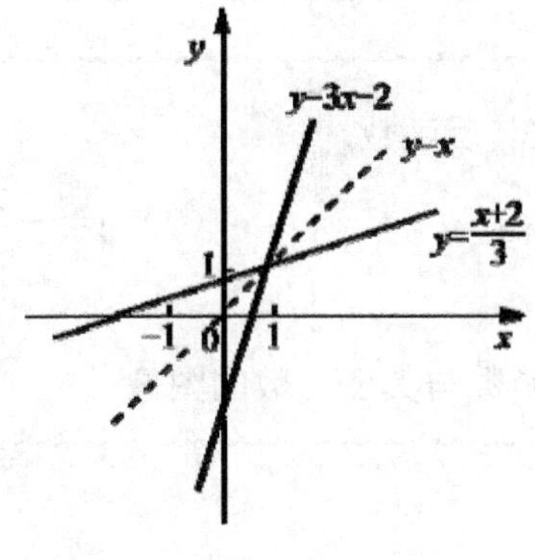

图 3-12

（2）由 $y=x^3$（$x\in\mathbf{R}$）得 $x=\sqrt[3]{y}$（$x\in\mathbf{R}$），所以函数 $y=x^3$（$x\in\mathbf{R}$）的反函数是

$$y=\sqrt[3]{x}\ (x\in\mathbf{R}).$$

作 $y=x^3$（$x\in\mathbf{R}$）和 $y=\sqrt[3]{x}$（$x\in\mathbf{R}$）的图像如图 3-13 所示.

从图 3-12 及图 3-13 可以看出，函数 $y=3x-2$（$x\in\mathbf{R}$）和 $y=\dfrac{x+2}{3}$（$x\in\mathbf{R}$）在同一坐标系中的图像关于直线 $y=x$ 对称，函数 $y=x^3$（$x\in\mathbf{R}$）和 $y=\sqrt[3]{x}$（$x\in\mathbf{R}$）的图像也关于直线 $y=x$ 对称. 这是因为原函数中的函数值 y 是反函数中的自变量 x，原函数中的自变量 x 是反函数中的函数值 y. 由此，我们得出：函数 $y=f(x)$ 的图像和它的反函数 $y=f^{-1}(x)$ 的图像关于直线 $y=x$ 对称.

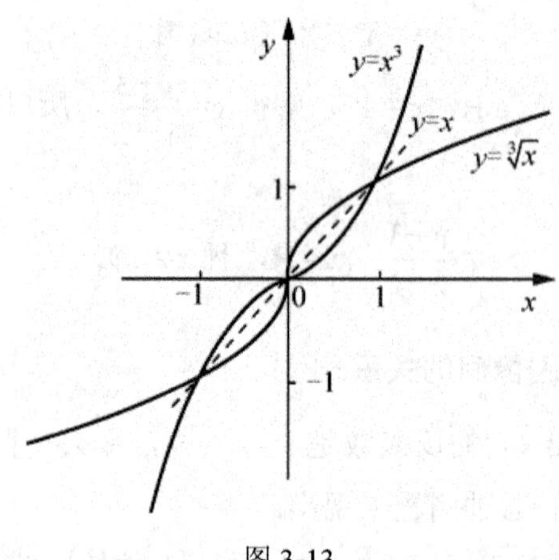

图 3-13

知识点拓展

（1）如果两个函数的图像关于直线 $y=x$ 对称，能否因此推断这两个函数互为反函数？

（2）在同一坐标系中，函数 $y=f(x)$ 与函数 $x=f^{-1}(y)$ 的图像有什么关系？函数 $y=f(x)$ 与函数 $y=f^{-1}(x)$ 的图像有什么关系？

课堂练习

1．已知函数 $y=f(x)$，求其反函数.

（1）$y=-2x+3$（$x\in\mathbf{R}$）；　　（2）$y=-\dfrac{2}{x}$（$x\neq 0$）；

（3）$y=x^2$（$x\geqslant 0$）.

2．分别作出第 1 题中原函数与其反函数的图像.

习题 3.3

1．求下列函数的反函数．

（1）$y=-4x+3$（$x\in\mathbf{R}$）；　　（2）$y=x^2$；

（3）$y=\sqrt{2x-4}$（$x\geqslant 2$）．

2．求下列函数的反函数，并作出函数及其反函数的图像．

（1）$y=4x-\frac{1}{2}$（$x\in\mathbf{R}$）；　　（2）$y=\frac{1}{x-3}$（$x\in\mathbf{R}$，$x\neq 3$）．

3.4　函数的应用

在生产和生活中，经常要用函数解决一些实际问题，请看以下例题：

【例 3.4.1】某市出租汽车收费标准为：当行程不超过 3 千米时，收费 7 元；当行程超过 3 千米时，在收费 7 元的基础上，超过 3 千米而未超过 10 千米的部分每千米加收 1 元；行程超过 10 千米时，超过 10 千米的部分每千米加收 1.5 元．试求车费 y（元）与行程 x（千米）之间的函数解析式，并作出函数图像．

解：根据题意，列出表格，如表 3-2 所示．

表 3-2

x/千米	$0<x\leqslant 3$	$3<x\leqslant 10$	$x>10$
y/元	7	$7+(x-3)\times 1=x+4$	$7+(10-3)\times 1+1.5(x-10)=1.5x-1$

则 y 与 x 之间的函数解析式为

$$y=\begin{cases}7, & 0<x\leqslant 3,\\ x+4, & 3<x\leqslant 10,\\ 1.5x-1, & x>10.\end{cases}$$

函数的图像如图 3-14 所示．

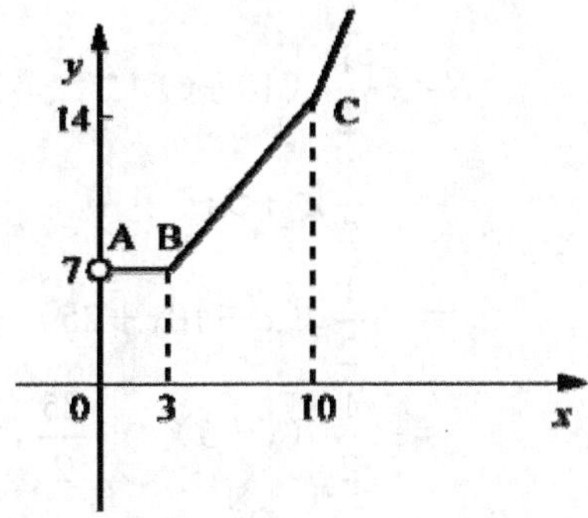

图 3-14

通常，我们把像【例 3.4.1】中这样的函数 $f(x)$ 称为分段函数，即一个函数在其定义域内的不同区间上具有不同的解析式．这时函数的定义域就是这些区间的并集．

【例 3.4.1】中，若 $x=8$，则 $y=8+4=12$；若 $x=20$，则 $y=1.5\times 20-1=29$．

【例 3.4.2】在日常生活中，要交一些水电费等物业费用，为了鼓励居民节约用水，很多城市都制定了每户每月用水收费标准和污水处理费标准，如表 3-3 所示．

表 3-3

水费种类	用水量不超过 10m^3 的部分	用水量超过 10m^3 的部分
用水费/（元/m^3）	1.30	2.00
污水处理费/（元/m^3）	0.30	0.80

试写出每户每月用水量 x（m^3）与应交水费 y（元）之间的函数解析式．

解：由表 3-3 可知，用水量不超过 10m^3 的部分和用水量超过 10m^3 的部分的计费标准是不相同的．因此，需要在两个范围考虑问题，列表如表 3-4 所示．

表 3-4

x/m^3	$0<x\leqslant 10$	$x>10$
y/元	$y=(1.3+0.3)x=1.6x$	$y=1.6\times 10+(2.0+0.8)(x-10)=2.8x-12$

综合以上两种情况，可以得到函数 $f(x)=\begin{cases}1.6x, & 0<x\leqslant 10,\\ 2.8x-12, & x>10.\end{cases}$．

【例 3.4.3】某人计划靠墙围一块矩形养鸡场，如图 3-15 所示，他已备足了可以围总长 10m 的竹篱笆，问矩形的长和宽各为多少时，场地的面积最大？

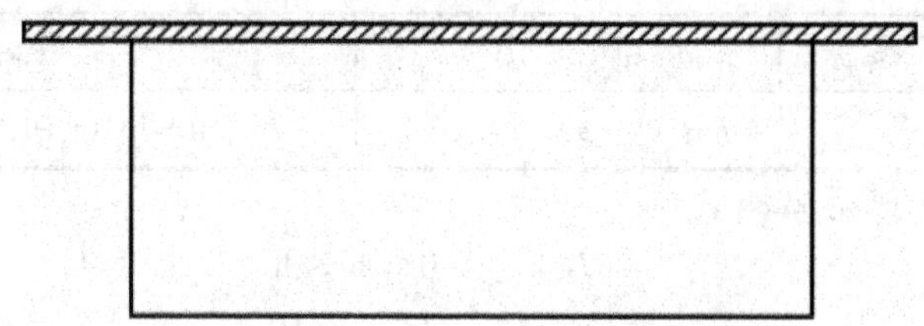

图 3-15

解：设矩形的长为 x，面积为 S，则由题知，矩形的宽为 $\dfrac{10-x}{2}=\dfrac{1}{2}(10-x)$，则有

$$\begin{aligned}S&=x\cdot\frac{1}{2}(10-x)\\&=-\frac{1}{2}x^2+5x\\&=-\frac{1}{2}(x^2-10x+25)+\frac{25}{2}\\&=-\frac{1}{2}(x-5)^2+\frac{25}{2},\end{aligned}$$

显然，当 $x=5$ 时，场地面积 S 有最大值 $\dfrac{25}{2}=12.5$，此时宽为

$$\frac{1}{2}(10-x)=\frac{1}{2}(10-5)=2.5.$$

所以，当长为 5m，宽为 2.5m 时，矩形的面积最大，最大面积为 12.5m^2.

课堂练习

1．设函数 $f(x)=\begin{cases}2x+1, & -2<x\leqslant 0,\\ 1-x^2, & 0<x<3.\end{cases}$

（1）求函数的定义域；

（2）求 $f(2)$，$f(0)$，$f(-1)$ 的值；

（3）作出函数的图像.

2．利用长 2m 的铁丝围成一个矩形，问长和宽各为多少时，所得的矩形面积最大？最大面积是多少？

3．我国国内邮寄平信计费标准是：投寄外埠平信，每封信的质量不超过 20g，邮资 0.80 元；质量超过 20g 后，每增加 20g（不足 20g 按 20g 计算）增加 0.80 元. 试建立每封平信应付的邮资 y（元）与信的质量 x（g）之间的函数关系（假设平信质量不超过 60g），并作出函数图像.

4．有一种礼花的升空高度 h（m）与飞行时间 t（s）的关系式是 $h=-\frac{5}{2}t^2+20t+1$，若这种礼花在点火升空到最高点时引爆，求从点火升空到引爆所需要的时间.

习题 3.4

1．已知函数 $f(x)=\begin{cases}2x+1(x\leqslant 0)\\ 3-x^2(0<x\leqslant 3)\end{cases}$.

（1）求函数 $f(x)$ 的定义域；

（2）求 $f(-2)$，$f(0)$，$f(3)$ 的值.

2．作出函数 $f(x)=f(x)=\begin{cases}1+x\ (x\leqslant 0)\\ 1\quad\ (x>0)\end{cases}$ 的图像.

3．某服装经销商采用打折的方法促销其经销的牛仔裤，具体促销方案是：5 条以上享受批发价，可以打 9 折；10 条以上打 8.5 折；20 条以上打 7.5 折；50 条以上打 6 折. 试建立顾客享受折扣价与购买数量之间的函数关系，并作出函数的图像.

4．某市固定电话市内通话的收费标准是：每次通话 3 分钟以内，收费 0.22 元；超过 3 分钟后，每增加 1 分钟（不足 1 分钟按 1 分钟计算）加收电话费 0.11 元. 如果通话时间不超过 6 分钟，试建立通话费与通话时间之间的函数关系，并作出函数的图像.

5．已知分段函数 $f(x)$ 的图像如图 3-16 所示，请写出函数的解析式.

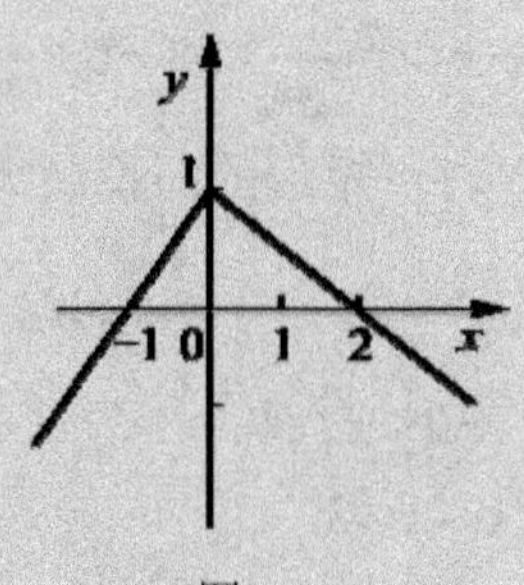

图 3-16

6．用长为 8m 的铁丝围成一个矩形场地，场地一边靠墙，问矩形的长和宽各为多少时，场地的面积最大？最大面积是多少？

复习题 3

1．选择题.

（1）函数 $f(x)=\dfrac{1}{\sqrt{3+2x-x^2}}$ 的定义域是（　　）.

A．$\{x|-2<x<2\}$　　B．$\{x|-3<x<3\}$

C．$\{x|-1<x<2\}$　　D．$\{x|-1<x<3\}$

（2）已知函数 $f(x)=\dfrac{x+1}{x-1}$，则 $f(-x)=$（　　）.

A．$\dfrac{1}{f(x)}$　　B．$-f(x)$　　C．$-\dfrac{1}{f(x)}$　　D．$f(x)$

（3）函数 $f(x)=x^2-4x+3$（　　）.

A．在（$-\infty$，2）内是减函数　　B．在（$-\infty$，4）内是减函数

C．在（$-\infty$，0）内是减函数　　D．在（$-\infty$，$-\infty$）内是减函数.

（4）下列函数中既是奇函数又是增函数的是（　　）.

A．$y=3x$　　B．$y=\dfrac{1}{x}$　　C．$y=2x^2$　　D．$y=-\dfrac{1}{3}x$

（5）奇函数 $y=f(x)$（$x\in$）的图像必经过的点是（　　）.

A．（$-a$，$-f(a)$）　　B．（$-a$，$f(a)$）

C．（a，$-f(a)$）　　D．（a，$\dfrac{1}{f(a)}$）

2．填空题.

（1）设 $f(x)=\begin{cases}3-x^2, & x\leqslant 0\\ 2x+3, & x>0\end{cases}$，则 $f(-2)=$ __________；

（2）函数 $y=\sqrt{1-x^2}$ 的定义域为 __________；

（3）设 $f(x)=5x^2-4$，则 $f(2)=$ ________；$f(x+1)=$ __________；

（4）函数 $y=x^2-2$ 的增区间为________________；

（5）已知 $f(x)=\begin{cases} x-3, & x\leqslant 0 \\ x^3-3, & x>0 \end{cases}$，则 $f(-2)=$ ________________.

3．设函数 $f(x)=2x^2-7$，求 $f(-1)$，$f(5)$，$f(a)$，$f(x+h)$.

4．求下列函数的定义域.

（1）$f(x)=\dfrac{\sqrt{2x+1}}{x-1}$；　　　　（2）$f(x)=\sqrt{2x^2+3x}$.

5．讨论下列函数的奇偶性.

（1）$f(x)=3-5x^2$；　　（2）$g(x)=2x^2-x+1$；　　（3）$f(x)=x(x^2+1)$.

6．判断函数 $y=-\dfrac{1}{2}(x-2)^2+1$ 在区间（2，$+\infty$）内的单调性.

7．设 $f(x)=\begin{cases} \dfrac{2}{x}, & x<-1, \\ -2, & -1\leqslant x<0, \\ 3x-2, & x\geqslant 0. \end{cases}$

（1）写出函数的定义域；

（2）求 $f(-2)$，$f\left(-\dfrac{1}{2}\right)$，$f(3)$ 的值；

（3）作出函数的图像.

8．为了鼓励居民节约用水，某市改革居民用水的计费方法．每月的水费标准如下：月用水量不超过 20m^3 时，按 2 元/m^3 计费；　月用水量超过 $20\ \text{m}^3$ 时，其中的 $20\ \text{m}^3$ 按 2 元/m^3 计费，超过的部分按 2.6 元/m^3 计费．设每户月用水量为 $x\text{m}^3$，应缴水费为 y 元.

（1）求 y 与 x 的函数表达式；

（2）张浩家第一季度缴纳水费的情况如表 3-5 所示.

表 3-5

月　份	1月	2月	3月
交费金额/元	20	50	25

问张浩家第一季度共用多少 m^3 水？

9．如图 3-17 所示，用 12m 长的篱笆围出一块五边形的苗圃，其中一条边利用足够长的墙，已知 $EA\perp AB$，$\angle C=\angle D=\angle E$，设 $CD=DE=x$（m），五边形的面积为 S.

（1）写出苗圃面积 S 与 x 的函数关系式；

（2）当 x 为何值时，苗圃的面积最大？并求出最大面积.

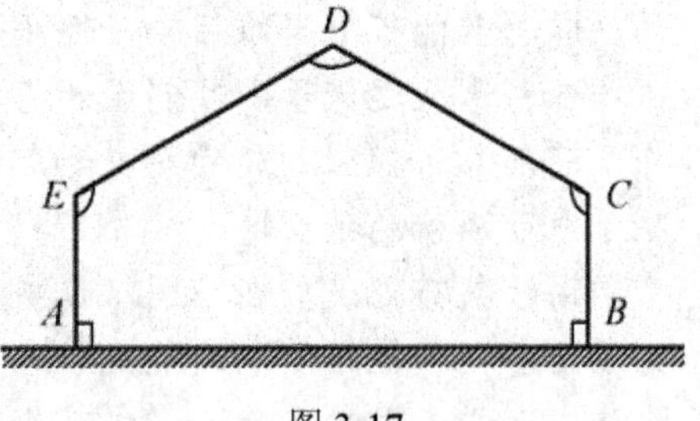

图 3-17

数学家的故事

莱布尼茨

戈特弗里德·威廉·莱布尼茨（Gottfried Wilhelm Leibniz，1646—1716年），1646年7月1日出生于德国东部莱比锡的一个书香之家．莱布尼茨是德国最重要的自然科学家、数学家、物理学家、历史学家和哲学家．他涉及的研究领域包括力学、逻辑学、化学、地理学、解剖学、动物学、植物学、气体学、航海学、地质学、语言学、法学、哲学、历史、外交等等．莱布尼茨是第一个提出函数概念的数学家．"世界上没有两片完全相同的树叶"就是出自他之口，莱布尼茨和牛顿先后独立发明了微积分．

1654年，8岁的莱布尼茨进入尼古拉学校，学习拉丁文、希腊文、修辞学、算术、逻辑、音乐以及《圣经》、路德教义等．1661年，15岁的莱布尼茨进入莱比锡大学学习法律．1663年5月，他以《论个体原则方面的形而上学争论》一文获学士学位．1666年，莱布尼茨在纽伦堡阿尔特多夫大学取得法学博士学位．他当时写的论文《论组合的技巧》已含有数理逻辑的早期思想，后来的一系列工作使他成为数理逻辑的创始人．

1665年牛顿建立了微积分，莱布尼茨在1673—1676年间也发表了微积分思想的论著．以前，微分和积分是作为两种数学运算、两类数学问题来分别加以研究的．卡瓦列里、巴罗、沃利斯等得到了一系列求面积（积分）、求切线斜率（导数）的重要理论，但这些结果都是孤立的、不连贯的．只有莱布尼茨和牛顿将积分和微分真正联系起来，明确地找到了两者内在的直接联系：微分和积分是互逆的两种运算．而这是微积分建立的关键所在．只有确立了这一基本关系，才能在此基础上构建系统的微积分学，并从对各种函数的微分和求积公式中，总结出共同的算法程序，使微积分方法普遍化，发展成用符号表示的微积分运算法则．

在微积分的研究上，牛顿从物理学出发，运用集合方法研究微积分，其应用上更多地结合了运动学．莱布尼茨则从几何问题出发，运用分析学方法引进微积分概念、得出运算法则，其数学的严密性与系统性是牛顿所不及的．莱布尼茨认识到好的数学符号能节省思维劳动，运用符号的技巧是数学成功的关键之一．他所创设的微积分符号远远优于牛顿创设的符号，这对微积分的发展有极大影响．1713年，莱布尼茨发表了《微积分的历史和起源》一文，总结了自己创立微积分学的思路，说明了自己成就的独立性．

由于莱布尼茨曾在德国汉诺威生活和工作过十多年，并且在汉诺威去世，所以为了纪念他和他的学术成就，2006年7月1日，即莱布尼茨诞生360周年的纪念日，汉诺威大学正式改名为汉诺威莱布尼茨大学．

第 4 章

指数函数与对数函数

本章导读

在实际生活和工作中，我们经常要预测若干年的人口增长数量，预测物质按一定规律的分解情况等，解决这些问题需要使用本章要学习的指数函数与对数函数的相关知识.

4.1 指数概念的推广

4.1.1 分数指数幂

在中学，我们学习过整数指数幂，即

$$a\cdot a\cdot\cdots\cdot a=a^n\ (n\in\mathbf{N}^*)\text{（共有 }n\text{ 个 }a\text{ 相乘）},$$

$$a^0=1\ (a\neq 0),$$

$$a^{-n}=\frac{1}{a^n}\ (a\neq 0),$$

$$(a^m)^n=a^{mn}.$$

同时，我们学习了根指数的相关概念，即：

若 $x^2=a\ (a>0)$，则 $x=\pm\sqrt{a}$，x 称为 a 的平方根；

若 $x^3=a$，则 $x=\sqrt[3]{a}$，x 称为 a 的三次方根，依此类推；

若 $x^n=a$，则称 x 是 a 的 n 次方根，记作 $x=\sqrt[n]{a}$，n 称为根指数，a 称为被开方数.

现在我们将整数指数幂和 n 次方根结合在一起，对两者加以推广，并规定

$$\sqrt[n]{a}=a^{\frac{1}{n}},\ (n\in\mathbf{N}^*),$$

$$a^{\frac{m}{n}}=\sqrt[n]{a^m},\ (m,\ n\in\mathbf{N}^*,\ n>1),$$

其中，当 n 是奇数时，$a\in\mathbf{R}$，当 n 是偶数时，$a\geqslant 0$.

$$a^{-\frac{m}{n}}=\frac{1}{\sqrt[n]{a^m}}\ (a\neq 0,\ m,\ n\in\mathbf{N}^*).$$

这样，我们就将整数指数幂推广到分数指数幂即有理数指数幂形式，可以证明，有理数指数幂可以进一步推广到实数指数幂形式，即以上分数指数幂的运算对实数指数幂完全适用．这里证明略．以后如无特别说明，分数指数幂就是实数指数幂.

【例 4.1.1】将下列各分数指数幂形式写成根式指数幂形式.

（1）$a^{\frac{4}{7}}$；（2）$a^{\frac{3}{5}}$；（3）$a^{-\frac{3}{2}}$.

解：（1）$a^{\frac{4}{7}}=\sqrt[7]{a^4}$；

（2）$a^{\frac{3}{5}}=\sqrt[5]{a^3}$；

（3）$a^{-\frac{3}{2}}=\frac{1}{\sqrt{a^3}}$.

【例 4.1.2】将下列各根式指数幂写成分数指数幂形式.

（1）$\sqrt[3]{x^2}$；（2）$\sqrt[3]{a^4}$；（3）$\frac{1}{\sqrt[5]{a^3}}$.

解：（1）$\sqrt[3]{x^2}=x^{\frac{2}{3}}$；

（2）$\sqrt[3]{a^4}=a^{\frac{4}{3}}$；

（3）$\frac{1}{\sqrt[5]{a^3}}=a^{-\frac{3}{5}}$.

课堂练习

1．将下列各根式写成分数指数幂的形式．

（1）$\sqrt[3]{9}$；（2）$\sqrt{\dfrac{3}{2}}$；（3）$\dfrac{1}{\sqrt[7]{a^4}}$；（4）$\sqrt[4]{4.3^5}$．

2．将下列各分数指数幂写成根式的形式．

（1）$4^{-\frac{3}{5}}$；（2）$3^{\frac{2}{5}}$；（3）$(-8)^{-\frac{2}{5}}$；（4）$2^{\frac{3}{4}}$．

4.1.2 实数指数幂的运算法则

在中学学习了整数指数幂的运算法则，即：

（1）$a^m \cdot a^n = a^{m+n}$；

（2）$(a^m)^n = a^{mn}$ $(a^m)^n = a^{mn}$；

（3）$(ab)^n = a^n \cdot b^n$ （m，$n \in \mathbf{Z}$）．

可以证明，这些运算法则对有理数指数幂、实数指数幂都有意义，这里证明略．因此，对于 p，$q \in \mathbf{R}$，有：

（1）$a^p \cdot a^q = a^{p+q}$；

（2）$(a^p)^q = a^{pq}$；

（3）$(ab)^p = a^p \cdot b^p$．

以上就是实数指数幂的运算法则，利用这些运算法则可以对实数指数幂进行相关计算．

【例 4.1.3】 计算下列各式的值．

（1）$0.125^{\frac{1}{3}}$；（2）$\dfrac{\sqrt{3} \times \sqrt[3]{6}}{\sqrt[3]{9} \times \sqrt[3]{2}}$．

解：（1）$0.125^{\frac{1}{3}} = 0.125^{\frac{1}{3}} = ((0.5)^3)^{\frac{1}{3}}$

$= 0.5^{3 \times \frac{1}{3}}$

$= 0.5$；

（2）$\dfrac{\sqrt{3} \times \sqrt[3]{6}}{\sqrt[3]{9} \times \sqrt[3]{2}} = \dfrac{3^{\frac{1}{2}} \times (2 \times 3)^{\frac{1}{3}}}{(3^2)^{\frac{1}{3}} \times 2^{\frac{1}{3}}}$

$= \dfrac{3^{\frac{1}{2}} \times 2^{\frac{1}{3}} \times 3^{\frac{1}{3}}}{3^{\frac{2}{3}} \times 2^{\frac{1}{3}}}$

$= \dfrac{3^{\frac{5}{6}}}{3^{\frac{4}{6}}}$

$= 3^{\frac{1}{6}}$．

【例 4.1.4】化简下列各式.

（1）$\dfrac{(2a^4b^3)^4}{(3a^3b)^2}$；（2）$\left(a^{\frac{1}{2}}+b^{\frac{1}{2}}\right)\left(a^{\frac{1}{2}}-b^{\frac{1}{2}}\right)$；

（3）$3\sqrt{3}\times\sqrt[3]{3}\times\sqrt[6]{3}$.

解：（1）$\dfrac{(2a^4b^3)^4}{(3a^3b)^2}=\dfrac{2^4a^{4\times4}b^{3\times4}}{3^2a^{3\times2}b^2}=\dfrac{16a^{16}b^{12}}{9a^6b^2}=\dfrac{16}{9}a^{10}b^{10}$；

（2）$\left(a^{\frac{1}{2}}+b^{\frac{1}{2}}\right)\left(a^{\frac{1}{2}}-b^{\frac{1}{2}}\right)=\left(a^{\frac{1}{2}}\right)^2-\left(b^{\frac{1}{2}}\right)^2=a-b$；

（3）$3\sqrt{3}\times\sqrt[3]{3}\times\sqrt[6]{3}=3\times3^{\frac{1}{2}}\times3^{\frac{1}{3}}\times3^{\frac{1}{6}}=3^{1+\frac{1}{2}+\frac{1}{3}+\frac{1}{6}}=3^2=9$.

在一些计算中，我们可以通过使用 CASIO fx－82ES PLUS 型计算器，利用 $\boxed{x^a}$ 键来计算分数指数幂的值，利用 $\boxed{\sqrt[b]{a}}$ 键也可以很方便地计算出 n 次根式的值. 具体操作步骤如下：

（1）调整计算器为普通状态→输入底 x→按键 $\boxed{x^a}$→输入指数 a→按键 $\boxed{=}$ 显示计算结果；

（2）调整计算器为普通状态→按键 $\boxed{\text{SHIFT}}$→按键 $\boxed{\sqrt[b]{a}}$→输入根指数→按键 $\boxed{\triangledown}$→输入被开方数→按键 $\boxed{=}$ 显示计算结果.

在学习中，学生可以通过对已熟悉的幂的计算及根的计算来练习计算器的使用，并用其结果验证计算器使用方法的正确与否.

课堂练习

1．计算下列各式.

（1）$\sqrt{3}\times\sqrt[3]{9}\times\sqrt[4]{27}$；（2）$\left(2^{\frac{2}{3}}4^{\frac{1}{2}}\right)^3\times\left(2^{-\frac{1}{2}}4^{\frac{5}{8}}\right)^4$.

2．化简下列各式.

（1）$a^{\frac{1}{3}}\times a^{-\frac{2}{3}}\times a^2\times a^0$；（2）$\left(a^{\frac{2}{3}}b^{\frac{1}{2}}\right)^3\times\left(2a^{-\frac{1}{2}}b^{\frac{5}{8}}\right)^4$；

（3）$2\sqrt{2}\times\sqrt[4]{2}\times\sqrt[8]{2}$；（4）$\sqrt[3]{3}\times\sqrt[4]{3}\times\sqrt[4]{27}$.

4.1.3 幂函数

前面我们学习了函数 $y=x$，$y=x^2$，$y=\frac{1}{x}$，这些函数都可以写成形如 $y=x^{\alpha}$（$\alpha\in\mathbf{R}$）的形式，我们把这类函数称为**幂函数**. 其中 α 为常数，x 为自变量. 它的定义域是使 $y=x^{\alpha}$ 有意义的一切实数.

下面我们通过例题来研究常见幂函数的图像特点.

【例 4.1.5】 指出幂函数 $y=x^3$，$y=x^{\frac{1}{2}}$ 和 $y=x^{-2}$ 的定义域，并在同一坐标系中作出它们的图像.

解： 函数 $y=x^3$，其定义域为 $\mathbf{R}$，函数 $y=x^{\frac{1}{2}}$ 的定义域为$[0, +\infty)$，函数 $y=x^{-2}$ 的定义域为 $\{x\mid x\neq 0\}$，我们通过如表 4-1～表 4-3 所示的列表，计算出它们的一些函数值，作出它们的图像，如图 4-1 所示.

表 4-1

x	…	−2	−1	0	1	2	…
$y=x^3$	…	−8	−1	0	1	8	…

表 4-2

x	0	$\frac{1}{4}$	1	4	9	…
$y=x^{\frac{1}{2}}$	0	$\frac{1}{2}$	1	2	3	…

表 4-3

x	…	$\frac{1}{4}$	$\frac{1}{2}$	1	2	4	…
$y=x^{-2}$	…	16	4	1	$\frac{1}{4}$	$\frac{1}{16}$	…

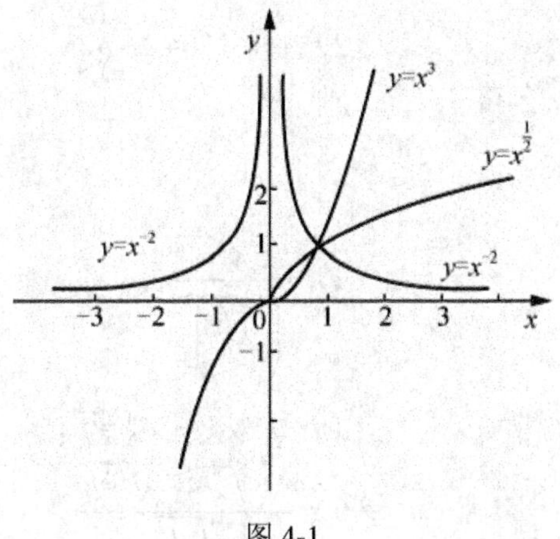

图 4-1

从图 4-1 可以看出，函数 $y=x^{\alpha}$ （$\alpha\in\mathbf{R}$），随指数 α 的不同，其定义域、单调性和奇偶性也会不同，但必有共同的特征：

（1）当 $\alpha>0$ 时，函数图像过点（0，0）和点（1，1）；

（2）当 $\alpha<0$ 时，函数图像不过点（0，0），但一定过点（1，1），即所有幂函数都过点（1，1）.

课堂练习

1．用描点法作出幂函数 $y=x^4$ 的图像，并指出图像具有怎样的对称性.

2．用描点法作出幂函数 $y=x^{-3}$ 的图像，并指出图像具有怎样的对称性.

习题 4.1

1．将下列各根式写成分数指数幂的形式.

（1）$\sqrt{\dfrac{3}{20}}$；　　（2）$\dfrac{2}{\sqrt[4]{a^3}}$；

（3）$\sqrt[5]{(-1.2)^3}$；　　（4）$\sqrt[3]{x^2}$；

（5）$\sqrt[4]{(a+b)^3}$；　　（6）$\sqrt[3]{m^2+n^2}$.

2．将下列各分数指数幂写成根式形式.

（1）$0.5^{\frac{1}{2}}$；　　（2）$65^{-\frac{3}{4}}$；

（3）$2.3^{\frac{2}{3}}$；　　（4）$82^{-\frac{2}{3}}$.

3．利用计算器求下列各式的值（精确到 0.01）.

（1）$1.15^{3.07}$；　　（2）0.25^{-4}；

（3）$\sqrt[100]{2}$；　　（4）$\sqrt[8]{6561}$.

4．计算下列各式.

（1）$3^{-3}\times81^{\frac{3}{4}}$；　　（2）$16^{-1}\times64^{\frac{3}{4}}\times32^{\frac{1}{2}}$；

（3）$(\dfrac{3}{7})^5\times(\dfrac{8}{21})^0\div(\dfrac{9}{7})^4$；　　（4）$3^{-2}\times4^4\times0.25^4$.

5．化简下列各式.

（1）$\left(x^{\frac{9}{5}}y^{-\frac{6}{5}}\right)^{-\frac{1}{3}}\cdot(xy)^{\frac{3}{5}}$；　　（2）$\dfrac{(x^6y^2)^{-\frac{1}{3}}}{\left(y^{-\frac{1}{3}}\right)^4}$；

（3）$2\sqrt{2}\times\sqrt[4]{2}\times\sqrt[8]{2}$；　　（4）$\sqrt[3]{3}\times\sqrt[4]{3}\times\sqrt[4]{27}$；

（5）$\dfrac{a^2\cdot\sqrt[3]{a^2b}}{\sqrt{ab}}$；　　（6）$\dfrac{(b\sqrt{ab})^3\cdot\sqrt[3]{a^2b}}{\sqrt[3]{ab^2}}$.

4.2 指 数 函 数

4.2.1 指数函数的图像与性质

在实际生活中，指数的应用非常广泛，例如某种生物的细胞分裂规律是由 1 个分裂成 2 个，2 个分裂成 4 个，4 个分裂成 8 个……按照这个规律分裂下去，那么分裂 x 次后，细胞的个数会是多少呢？这个问题的解决就会用到指数函数的知识．

下面我们通过对以上问题的分析来研究指数函数．

设细胞分裂 x 次后得到的细胞个数为 y，则如表 4-4 所示．

表 4-4

分裂次数 x	1	2	3	4	…	x	…
细胞个数 y	$2=2^1$	$4=2^2$	$8=2^3$	$16=2^4$	…	$y=2^x$	…

由此得到

$$y=2^x$$

在以上式子中，指数 x 为自变量，底为常数 2．我们把形如 $y=a^x$ 的函数称为**指数函数**，其中底 a（$a>0$ 且 $a\neq 1$）为常量．由指数的概念及其运算可知，指数函数的定义域为 **R**，值域为（0，$+\infty$）．

我们通过作函数 $y=2^x$ 和函数 $y=\left(\dfrac{1}{2}\right)^x$ 的图像来研究指数函数 $y=a^x$（$a>0$ 且 $a\neq 1$）的性质．

对函数 $y=2^x$ 和 $y=x^{\frac{1}{2}}$ 列表如表 4-5 所示．

表 4-5

x	…	-3	-2	-1	0	1	2	3	…
$y=2^x$	…	$\frac{1}{8}$	$\frac{1}{4}$	$\frac{1}{2}$	1	2	4	8	…
$y=\left(\frac{1}{2}\right)^x$	…	8	4	2	1	$\frac{1}{2}$	$\frac{1}{4}$	$\frac{1}{8}$	…

对两个函数分别描点得到其图像如图 4-2 所示．从图 4-2 可以发现：

（1）函数 $y=2^x$ 和 $y=\left(\dfrac{1}{2}\right)^x$ 的图像都在 x 轴的上方，向上无限伸展，向下无限接近于 x 轴但与 x 轴不相交，即 $y>0$；

（2）函数的图像都经过点（0，1）；

（3）函数 $y=2^x$ 的图像自左向右呈上升趋势；函数 $y=\left(\frac{1}{2}\right)^x$ 的图像自左向右呈下降趋势，即函数 $y=2^x$ 在其定义域上是增函数，函数 $y=\left(\frac{1}{2}\right)^x$ 在其定义域上是减函数.

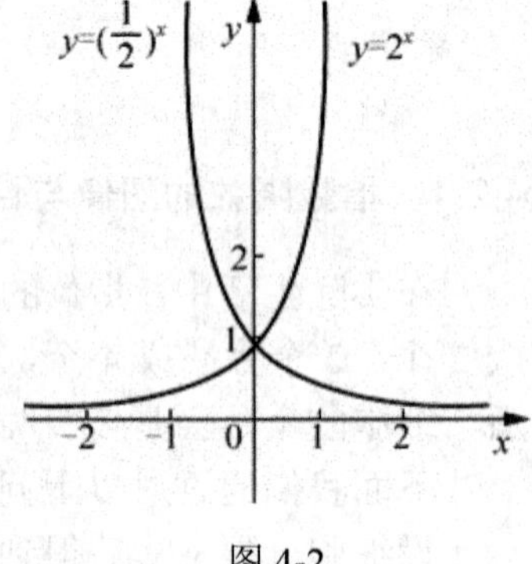

图 4-2

容易验证对于所有指数函数 $y=a^x$（$a>0$ 且 $a\neq 1$），具有以下性质：

（1）函数的定义域为 R，值域为（0，$+\infty$）；

（2）当 $x=0$ 时，$y=1$，即函数的图像经过点（0，1）；

（3）当底数 $a>1$ 时，函数在其定义域 R 上是增函数；当底数 $0<a<1$ 时，函数在其定义域 R 上是减函数.

利用指数函数的性质，可以进行指数函数或一些幂函数大小的比较.

【例 4.2.1】判断下列函数在（$-\infty$，$+\infty$）内的单调性.

（1）$y=4^x$； （2）$y=3^{-x}$； （3）$y=2^{\frac{x}{3}}$.

解：（1）因为 $4>1$，所以函数 $y=4^x$ 在（$-\infty$，$+\infty$）内是增函数；

（2）因为 $y=3^{-x}=(3^{-1})^x=\left(\frac{1}{3}\right)^x$，$0<\frac{1}{3}<1$，所以在（$-\infty$，$+\infty$）内，$y=3^{-x}$ 是减函数；

（3）因为 $y=2^{\frac{x}{3}}=\left(2^{\frac{1}{3}}\right)^x=(\sqrt[3]{2})^x$，底 $a=\sqrt[3]{2}\approx 1.259>1$，所以在（$-\infty$，$+\infty$）内，函数 $y=2^{\frac{x}{3}}$ 是增函数.

【例 4.2.2】已知指数函数 $f(x)=a^x$（$a>0$ 且 $a\neq 1$）的图像过点（2，$\frac{9}{4}$），求 $f(1.2)$ 的值.

解：由函数过点（2，$\frac{9}{4}$）知，当 $x=2$ 时，$y=\frac{9}{4}$，即 $a^2=\frac{9}{4}=\left(\frac{3}{2}\right)^2$，所以 $a=\frac{3}{2}$，得出函数的解析式为

$$f(x)=\left(\frac{3}{2}\right)^x$$

所以

$$f(1.2)=\left(\frac{3}{2}\right)^{1.2}\approx 1.63 .$$

【例 4.2.3】比较下列各对数的大小.

（1）$1.7^{2.5}$ 与 1.7^3； （2）$0.8^{-0.1}$ 与 $0.8^{0.2}$.

解：（1）考查函数 $y=1.7^x$，因为 $1.7>1$，所以函数 $y=1.7^x$ 在其定义域上是增函数. 又因为 $2.5<3$，所以 $1.7^{2.5}<1.7^3$.

（2）考查函数 $y=0.8^x$，由于 $0<0.8<1$，所以函数 $y=0.8^x$ 在其定义域上是减函数.

又因为$-0.1<0.2$，所以$0.8^{-0.1}>0.8^{0.2}$.

课堂练习

1．指出下列函数在$(-\infty，+\infty)$内的单调性.

（1）$y=0.9^x$；　（2）$y=\left(\frac{1}{2}\right)^{-x}$；　（3）$y=3^{\frac{x}{2}}$.

2．已知指数函数$f(x)=a^x$满足条件$f(-3)=\frac{8}{27}$，指出它的单调性并求$f(2)$的值.

3．求下列函数的定义域.

（1）$y=\frac{3}{2^x-1}$；　（2）$y=\sqrt{3^x-81}$.

4．比较下列各题中两个数的大小.

（1）$5^{3.5}$与5^3；　（2）$0.4^{0.4}$与$0.4^{0.8}$；

（3）3.5^4与3.5^{-4}；　（4）0.1^8与1.

4.2.2　指数函数的应用

指数函数在自然科学和经济生活中有着广泛的应用．下面通过几个实际问题来进行介绍.

【例 4.2.4】某市 2008 年国内生产总值为 20 亿，计划在未来 10 年内平均每年按 8%的增长率增长，分别预测该市 2013 年与 2018 年的国内生产总值（精确到 0.01 亿元）.

解：设自 2008 年开始x年后国内生产总值为y亿元，则

第 1 年，$y=20(1+8\%)=20\times1.08$；

第 2 年，$y=20\times1.08\times(1+8\%)=20\times1.08^2$；

第 3 年，$y=20\times1.08^2\times(1+8\%)=20\times1.08^3$；

……

依此类推，第x年的国内生产总值为

$$y=20\times(1+8\%)^x=20\times1.08^x\ (1\leqslant x\leqslant10，x\in\mathbf{N}).$$

所以，2013 年，即$x=5$时

$$\begin{aligned}y&=20\times1.08^x\\&=20\times1.08^5\\&\approx29.39\text{（亿元）}；\end{aligned}$$

同理，2018 年，即$x=10$时

$$\begin{aligned}y&=20\times1.08^x\\&=20\times1.08^{10}\\&\approx43.18\text{（亿元）}.\end{aligned}$$

所以，该市 2013 年和 2018 年的国内生产总值分别约为 29.39 亿元和 43.18 亿元.

【例 4.2.5】日本核泄漏事件中，放射性元素碘－131 的半衰期为 8 天，由于其具有挥发性，因此能够通过空气传播，危害范围比较广。假如每过 8 天，其残留量为原来的 95.27%，问 10g 的碘－131 经过 40 天后，其残留量是多少 g？

解：设经过 x 个 8 天后，残留量为 y 克，则

$$y=10\times(95.27\%)^x$$
$$=10\times0.9527^x,$$

40 天是 5 个 8 天，所以经过 40 天后，残留量

$$y=10\times0.9527^x$$
$$=10\times0.9527^5$$
$$\approx7.85\text{（g）}.$$

所以，10g 的碘－131 经过 40 天后，其残留量是 7.85g.

【例 4.2.6】按复利计算利息的一种储蓄，假设本金为 a 元，每期利率为 r，存期为 x，写出本利和 y 随存期 x 变化的函数式．如果存入本金 1000 元，每期利率为 2.25%，试计算 5 期后的本利和是多少？

解：已知本金为 a 元，则

1 期后的本利和为 $y_1=a+a\times r=a(1+r)$；

2 期后的本利和为 $y_2=a(1+r)+a(1+r)r=a(1+r)(1+r)=a(1+r)^2$；

3 期后的本利和为 $y_3=a(1+r)^2+a(1+r)^2r=a(1+r)^2(1+r)=a(1+r)^3$；

……

x 期后的本利和为 $y=a(1+r)^x$．

若 $a=1\,000$，$x=5$，$r=2.25\%$，则将以上数据代入 $y=a(1+r)^x$ 得

$$y=1000(1+2.25\%)^5$$
$$=1000\times1.0225^5$$
$$=1117.68\text{（元）}.$$

所以，函数关系式为 $y=a(1+r)^x$，5 期后的本利和是 1117.68 元.

课堂练习

1．服用某种感冒药，每次服用的药物含量为 a g，随着时间 t（小时）的变化，体内的药物含量为 $f(t)=0.57^ta$．问服药 4 小时后，体内药物含量为多少？8 小时后体内药物含量又为多少？

2．某企业原来每月消耗某种试剂 1000kg，现进行技术革新，陆续使用价格较低的另一种材料替代该试剂，使得该试剂的消耗量以平均每月 10%的速度减少，试建立试剂消耗量 y 与所经过的月份 x 之间的函数关系，并求出 4 个月后，该种试剂的月消耗量（精确到 0.01kg）.

课堂练习

3．某省 2009 年粮食总产量为 150 亿千克，如果按平均每年 5.2%的增长速度增产，求该省 5 年后的年粮食总产量（保留两位小数）.

4．一台价值 100 万元的新机床，按每年 8%的折旧率折旧，问 10 年后这台机床的价值是多少万元（保留两位小数）？

习题 4.2

1．选择题.

（1）指数函数 $y=0.35^x$（　　）.

A．在区间（$-\infty$，$+\infty$）内为增函数

B．在区间（$-\infty$，$+\infty$）内为减函数

C．在区间（$-\infty$，0）内为增函数

D．在区间（0，$+\infty$）内为增函数

（2）下列各函数中，为指数函数的是（　　）.

A．$y=(-1.3)^x$　　　　B．$y=\left(\frac{2}{3}\right)^x$

C．$y=x^{\frac{1}{3}}$　　　　D．$y=2x^2$

2．用符号“＜”或“＞”填空.

（1）0.9^2____0.9^6；　　（2）$1.7^{0.3}$____$1.7^{0.4}$；　　（3）0.9^{-1}____$0.9^{-1.1}$.

3. 某市 2004 年有常住人口 54 万，如果人口按每年 1. 2%的增长率增长，那么 2010 年该市常住人口约为多少万人（保留两位小数）？

4．容器里现有纯酒精 10L，每次从中倒出 3L 溶液后再加满水，试给出操作次数 x 与所剩酒精 y 之间的函数解析式，并求出操作 6 次后容器中纯酒精的含量（保留两位小数）.

5. 某种放射性物质，每经过一年残留量为原来的 89.64%，若每年的衰变速度不变，问 100g 该物质经过 8 年衰变还剩多少 g？

6．一种产品原来成本为 1 万元，计划在今后几年中，按照每年平均 6%的速度降低成本．试写出成本 y 与年数 x 的函数关系式，并求出 5 年后的成本为多少万元？

4.3 对 数

4.3.1 对数的概念

前面学习了指数及幂的相关知识，如果已知底和幂，如 2 的 3 次幂等于 8，则很容易知道，指数是 3，那么 2 的多少次幂等于 9 呢？即底数是 2，幂是 9，那么指数是多少呢？这个问题的解决就需要对数的相关知识．我们把求幂的指数的过程称为求对数．即

如果 $a^b=N$（$a>0$，$a\neq 1$），那么 b 称为以 a 为底 N 的**对数**，记作

$$b=\log_a N$$

其中：a 称为对数的**底**，N 称为**真数**．

如 $2^3=8$ 可以写成 $\log_2 8=3$，3 称为以 2 为底 8 的对数；又如 $9^{\frac{1}{2}}=3$，可以写成 $\log_9 3=\frac{1}{2}$，$\frac{1}{2}$ 称为以 9 为底 3 的对数．

由上面的定义可知，对数实质上是在已知底和幂的情况下求指数的运算，也就是对数本质上是指数的一种转换形式，即

$$a^b=N \Leftrightarrow \log_a N=b$$

由此得到对数的性质：

（1）$\log_a 1=0$；

（2）$\log_a a=1$；

（3）零和负数没有对数．

【例 4.3.1】将下列指数式写成对数式．

（1）$\left(\frac{1}{2}\right)^4=\frac{1}{16}$；　　（2）$27^{\frac{1}{3}}=3$；

（3）$4^{-3}=\frac{1}{64}$；　　（4）$10^x=y$.

解：（1）$\log_{\frac{1}{2}}\frac{1}{16}=4$；　　（2）$\log_{27}3=\frac{1}{3}$；

（3）$\log_{\frac{1}{2}}\frac{1}{16}=4$；　　（4）$\log_{10}y=x$.

【例 4.3.2】将下列对数式写成指数式．

（1）$\log_2 32=5$；　　（2）$\log_3\frac{1}{81}=-4$；

（3）$\log_{10}1000=3$；　　（4）$\log_2\frac{1}{8}=-3$.

解：（1）$2^5=32$；　　（2）$3^{-4}=\frac{1}{81}$；

（3）$10^3=1000$；　　（4）$2^{-3}=\frac{1}{8}$.

【例 4.3.3】求下列对数的值.

（1）$\log_3 3$；　　（2）$\log_7 1$.

解：（1）因为 $3^1=3$，所以 $\log_3 3=1$；

（2）因为 $7^0=1$，所以 $\log_7 1=0$.

课堂练习

1．将下列各指数式写成对数式.

（1）$5^3=125$；　　（2）$0.9^2=0.81$；

（3）$0.2^x=0.008$；　　（4）$343^{-\frac{1}{3}}=\frac{1}{7}$.

2．把下列对数式写成指数式.

（1）$\log_2 8=3$；　　（2）$\log_3 27=3$；

（3）$\log_5 625=4$；　　（4）$\log_{0.01}10=-\frac{1}{2}$.

3．求下列对数的值.

（1）$\log_7 7$；　　（2）$\log_{0.5}0.5$；

（3）$\log_{\frac{1}{3}}1$；　　（4）$\log_2 1$.

4.3.2 常用对数与自然对数

现实中，以 10 为底或以无理数 e 为底的对数应用非常广泛，我们把这样的对数分别称为**常用对数**和**自然对数**，即

常用对数：$\log_{10}N$，简记为 $\lg N$，如 $\log_{10}5=\lg 5$，$\log_{10}3.5=\lg 3.5$；

自然对数：$\log_e N$，简记为 $\ln N$，如 $\log_e 3=\ln 3$，$\log_e 10=\ln 10$.

对于对数的运算，除了简单的对数利用指数和幂的值推导外，大部分要借助计算器，一般函数型计算器，都有求对数的功能键，利用 ln 键计算自然对数，利用 log 键计算常用对数，利用 log■□键计算一般对数.

【例 4.3.4】计算下列各式的值（精确到 0.0001）.

（1）$\lg 2$；　　（2）$\lg 3$；

（3）$\ln 10$；　　（4）$\ln 1.2$；

（5）$\log_3 4$；　　（6）$\log_{0.2}0.36$.

解：首先设置计算器的计算状态，然后分别使用 ln 键、log 键、log■□键进行计算.

（1）$\lg 2\approx 0.3010$；　　（2）$\lg 3\approx 0.4771$；

（3）$\ln 10\approx 2.3026$；　　（4）$\ln 1.2\approx 0.1823$；

（5）$\log_3 4\approx 1.2619$；　　（6）$\log_{0.2}0.36\approx 0.6348$.

注意

在求一般对数值时，输入底之后，需要按[Δ]键，将光标移到真数的位置，再输入真数.

课堂练习

1．利用计算器计算下列各式的值（精确到 0.0001）.

（1）lg38；　　（2）lg5.6；

（3）ln2.84；　　（4）ln1.96；

（5）$\log_2 0.37$　　（6）$\log_{0.2}85$.

2．用对数表示“5 的多少次幂等于 2”.

3．利用计算器或对数的定义求下列各式的值.

（1）$\log_{15}15$；　　（2）$\log_{0.4}1$；

（3）$\log_9 81$；　　（4）$\log_{2.5}6.25$；

（5）$\log_7 343$；　　（6）$\log_3 243$.

4.3.3　对数的运算规则

根据对数的定义，$\log_a N=b$（$a>0$，$a\neq1$，$N>0$）可以写成 $a^b=N$，即

$$\log_a N=b \Leftrightarrow a^b=N\ (a>0,\ a\neq1,\ N>0),$$

$$\log_a M=c \Leftrightarrow a^c=M\ (a>0,\ a\neq1,\ M>0).$$

由此得到对数的运算法则如下.

若 $a>0$，$a\neq1$，$M>0$，$N>0$，则：

（1）$\log_a(MN)=\log_a M+\log_a N$；

（2）$\log_a\dfrac{M}{N}=\log_a M-\log_a N$；

（3）$\log_a M^N=N\log_a M$（$n\in\mathrm{R}$）.

【例 4.3.5】用 $\log_a x$，$\log_a y$，$\log_a z$ 表示下列各式.

（1）$\log_a xyz$；　　（2）$\log_a\dfrac{xy}{z}$；　　（3）$\log_a\dfrac{x^2\sqrt{y}}{z^3}$.

解：（1）$\log_a xyz=\log_a(xy)z$

$=\log_a xy+\log_a z$

$=\log_a x+\log_a y+\log_a z$；

（2）$\log_a\dfrac{xy}{z}=\log_a xy-\log_a z$

$=\log_a x+\log_a y-\log_a z$；

（3）$\log_a\dfrac{x^2\sqrt{y}}{z^3}=\log_a x^2\sqrt{y}-\log_a z^3$

$=\log_a x^2+\log_a\sqrt{y}-3\log_a z$

$=2\log_a x+\frac{1}{2}\log_a y-3\log_a z$.

【例 4.3.6】求下列各式的值.

（1）$\log_2(4^7\times2^5)$；（2）$\lg\sqrt[5]{100}$.

解：（1）$\log_2(4^7\times2^5)=\log_2 4^7+\log_2 2^5$

$=\log_2(2^2)^7+5\log_2 2$

$=\log_2 2^{14}+5\log_2 2$

$=14\log_2 2+5\log_2 2$

$=14+5$

$=19$；

（2）$\lg\sqrt[5]{100}=\lg(10^2)^{\frac{1}{5}}$

$=\lg 10^{\frac{2}{5}}$

$=\frac{2}{5}\lg 10$

$=\frac{2}{5}$.

课堂练习

1．用 $\lg x$，$\lg y$，$\lg z$ 表示下列各式.

（1）$\lg(xyz)$；（2）$\lg\frac{xy^2}{z}$；

（3）$\lg\frac{xy^3}{\sqrt{z}}$；（4）$\lg\frac{\sqrt{x}}{y^2z}$.

2．计算下列各式的值.

（1）$\log_3(27\times9^2)$；（2）$\lg100^2$；

（3）$\lg0.00001$；（4）$\log_7\sqrt[3]{49}$.

3．求下列各式的值.

（1）$\log_2 6-\log_2 3$；（2）$\lg5+\lg2$；

（3）$\log_5 3+\log_5\frac{1}{3}$；（4）$\log_3 5-\log_3 15$.

习题 4.3

1．将下列指数式转化为对数式，或把对数式转化为指数式（$a>0$，且 $a\neq1$）.

（1）$\log_a N=b$；（2）$a^0=1$；

（3）$4^x=16$；（4）$\log_2 x=\frac{1}{8}$；

（5）$a^2=4$；（6）$\log_2 8=3$.

2．求下列各式的值.

（1）$\log_2 64$；（2）$\log_{64}32$；

（3）$\log_3 27$；（4）$\log_8 9\cdot\log_{27}32$；

（5）$\lg 0.00001$；（6）$\ln\sqrt{e}$

3．利用计算器求下列各式的值，并利用附录的“常用对数表”验证结果是否正确.

（1）$\lg 5$；（2）$\lg 2$；

（3）$\lg 10$；（4）$\lg 3$；

（5）$\lg 90$；（6）$\log_2 8$.

4．利用指数或对数的定义，解下列方程.

（1）$3^{3x-2}=81$；（2）$\sqrt{5^x}=\sqrt[3]{25}$；

（3）$\sqrt{2^x}\sqrt{5^x}=1000$；（4）$\log_2 x=\log_4 8$.

5．利用已知条件求解下列两题.

（1）已知 $\log_9 5=a$，$\log_9 7=b$，求 $\log_{35}9$；

（2）已知 $\lg a=2.4310$，$\lg b=1.4310$，求 $\dfrac{a}{b}$.

6．求下列各式的值.

（1）$\log_2 18-\log_2 9$；（2）$\lg 50+\lg 20$；

（3）$\log_4 5+\log_4\dfrac{1}{5}$；（4）$\log_3 5-\log_3 45$.

4.4 对数函数

4.4.1 对数函数的图像和性质

在研究指数函数时，曾经讨论过细胞分裂问题．某种细胞分裂时，得到的细胞个数 y 是分裂次数 x 的函数，这个函数可以用指数函数 $y=2^x$ 表示.

现在我们来研究相反的问题．如果想知道经过多少次分裂，大约可以得到 1 万个细胞，10 万个细胞，……那么，分裂次数 x 就是要得到的细胞个数 y 的函数．根据对数的定义，这个函数可以写成对数的形式，即

$$x=\log_2 y.$$

如果用 x 表示自变量，用 y 表示函数，这个函数就是

$$y=\log_2 x.$$

由反函数的概念可知，$y=\log_2 x$ 与指数函数 $y=2^x$ 互为反函数.

一般地，函数 $y=\log_a x$（$a>0$，$a\neq 1$）就是指数函数 $y=a^x$（$a>0$，$a\neq 1$）的反函数．因为 $y=a^x$ 的值域是（0，$+\infty$），定义域为 **R**，所以，函数 $y=\log_a x$（$a>0$，$a\neq 1$）定义域是（0，$+\infty$）.

函数 $y=\log_a x$（$a>0$，$a\neq 1$）称为**对数函数**，其中 x 是自变量，函数的定义域是（0，$+\infty$），值域为 **R**.

下面我们研究对数函数 $y=\log_a x$（$a>0$，$a\neq 1$）的图像和性质.

因为对数函数 $y=\log_a x$（$a>0$，$a\neq 1$）与指数函数 $y=a^x$ 互为反函数，所以 $y=\log_a x$（$a>0$，$a\neq 1$）的图像与 $y=a^x$ 的图像关于直线 $y=x$ 对称，由此得到 $y=\log_a x$（$a>0$，$a\neq 1$）的图像.

根据图 4-2 可以得到函数 $y=\log_2 x$ 和函数 $y=\log_{\frac{1}{2}} x$ 的图像，如图 4-3（1）和图 4-3（2）所示.

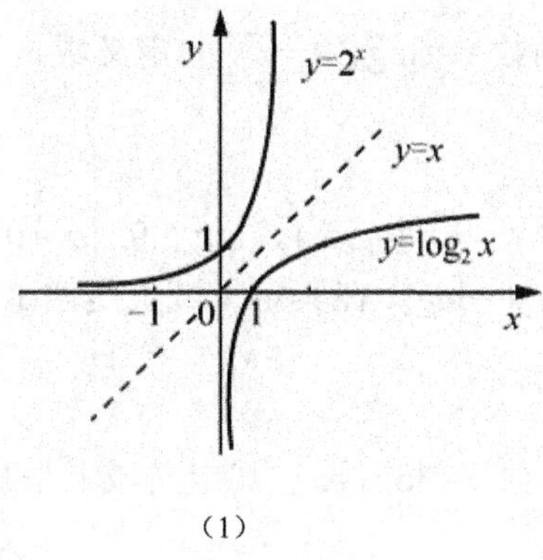

（1）

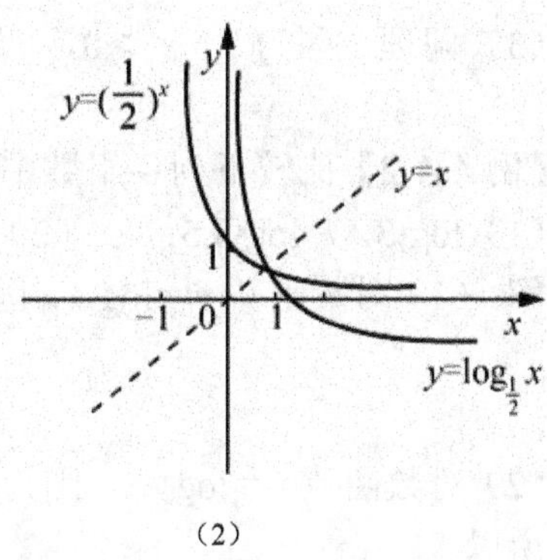

（2）

图 4-3

同理由指数函数 $y=a^x$（$a>0$，$a\neq 1$）的图像可以得到其相对应的反函数对数函数 $y=\log_a x$（$a>0$，$a\neq 1$）的图像和性质如表 4-6 所示.

表 4-6

项目	$a>1$	$0<a<1$
图像	y, x=1, $y=\log_a x$ $(a>1)$, 1, -1, 0, (1,0), x	y, x=1, $y=\log_a x$ $(0<a<1)$, 1, -1, 0, (1,0), x
性质	（1）定义域：（0，$+\infty$）	
	（2）值域为：**R**	
	（3）过点（1，0），即当 $x=1$ 时，$y=0$	
	（4）在（0，$+\infty$）上是增函数	在（0，$+\infty$）上是减函数

【例 4.4.1】求下列函数的定义域.

（1）$\log_a x^2$；　　（2）$y=\log_a(4-x)$；　　（3）$y=\log_a(9-x^2)$.

解：（1）由对数函数的定义域为（0，+∞），即 $x^2>0$，所以函数 $\log_a x^2$ 的定义域是

$$\{x|x\neq 0\};$$

（2）由对数函数的定义域为（0，+∞），即 $4-x>0$，故 $x<4$，所以 $y=\log_a(4-x)$ 的定义域是

$$(-\infty,\ 4);$$

（3）同理，因为 $9-x^2>0$，即 $-3<x<3$，所以函数 $y=\log_a(9-x^2)$ 的定义域是

$$(-3,\ 3).$$

【例 4.4.2】比较下列各组数中两个值的大小.

（1）$\log_2 3.4$，$\log_2 8.5$；　　（2）$\log_{0.3}1.8$，$\log_{0.3}2.7$　　（3）$\log_a 5.1$，$\log_a 5.9$（$a>0$）.

解：（1）对数函数 $y=\log_2 x$，因为底数 $2>1$，函数 $y=\log_2 x$ 在其定义域上是增函数，所以

$$\log_2 3.4<\log_2 8.5;$$

（2）对数函数 $y=\log_{0.3}x$，因为底数 $0<0.3<1$，函数 $y=\log_{0.3}x$ 在其定义域上是减函数，所以

$$\log_{0.3}1.8>\log_{0.3}2.7;$$

（3）对数函数 $y=\log_a x$（$a>0$，$a\neq 1$）在其定义域上，随底数 $a>1$ 或 $0<a<1$ 而单调性不同，当 $a>1$ 时是增函数，所以

$$\log_a 5.1<\log_a 5.9\ (a>1);$$

当 $0<a<1$ 时是减函数，所以

$$\log_a 5.1>\log_a 5.9\ (0<a<1).$$

课堂练习

1．画出函数 $y=\log_3 x$ 及 $y=\log_{\frac{1}{3}} x$ 的图像，并且说明这两个函数性质的相同点和不同点.

2．求下列函数的定义域.

（1）$y=\log_5(1-x)$；　　（2）$y=\dfrac{1}{\log_2 x}$；

（3）$y=\log_7\dfrac{1}{1-3x}$；　　（4）$y=\sqrt{\log_3 x}$.

3．选择题.

（1）若函数 $y=\log_a x$ 的图像经过点（2，−1），则底 $a=$（　　）.

A．2　　B．−2　　C．$\dfrac{1}{2}$　　D．$-\dfrac{1}{2}$

（2）下列函数在区间（0，+∞）内为减函数的是（　　）.

A．$y=\lg x$　　B．$y=\log_{\frac{1}{2}} x$　　C．$y=\ln x$　　D．$y=\log_2 x$

4.4.2　对数函数的应用

对数函数在现实生活和科学发展中有着广泛的应用，下面我们通过举例来说明对数函数的应用.

【例 4.4.3】按复利计算利息的一种储蓄，假设本金为 a 元，每期利率为 r，存期为 x，写出本利和 y 随存期 x 变化的函数式．如果存入本金 1000 元，每期利率为 2.25%，试计算 5 期后的本利和是多少？若想获得本利和 2000 元，问需要存期为多少年？

解：（1）已知本金为 a 元，则

1 期后的本利和为 $y_1=a+a\times r=a(1+r)$；

2 期后的本利和为 $y_2=a(1+r)+a(1+r)r=a(1+r)(1+r)=a(1+r)^2$；

3 期后的本利和为 $y_3=a(1+r)^2+a(1+r)^2r=a(1+r)^2(1+r)=a(1+r)^3$；

……

x 期后的本利和为 $y=a(1+r)^x$.

（2）若 $a=1000$，$x=5$，$r=2.25\%$，则将数据代入 $y=a(1+r)^x$ 得

$$\begin{aligned} y &= 1000(1+2.25\%)^5 \\ &= 1000+1.0225^5 \\ &= 1117.68\text{（元）}. \end{aligned}$$

（3）若 $a=1000$，$r=2.25\%$，$y=2000$，则将数据代入 $y=a(1+r)^x$ 得

$$1000(1+2.25\%)^x=2000$$

即

$$1.0225^x=2$$

等式两端取以 1.0225 为底的对数得

$$\begin{aligned} x &= \log_{1.0225}2 \\ &\approx 31\text{（年）} \qquad \text{（查附录：常用对数表）}. \end{aligned}$$

所以，函数关系式为 $y=a(1+r)^x$，5 期后的本利和为 1117.68 元，经过约 31 年得到本利和 2000 元.

【例 4.4.4】碳－14 的半衰期为 5730 年，2009 年古董市场有一幅达·芬奇（1452—1519）的绘画，测得其碳－14 的含量为原来的 94.1%，根据这个信息，请从时间上判断这幅画是不是赝品？

解：设这幅画的年龄为 x，画中原来碳－14 的含量为 a，根据题意有

$$0.941a=a\left(\frac{1}{2}\right)^{\frac{x}{5730}},$$

消去 a 后，两边取常用对数，得

$$\lg 0.941=\frac{x}{5730}\lg 0.5$$

$$\begin{aligned} x &= 5730\times\lg 0.941\div\lg 0.5 \\ &\approx 503\text{（年）} \qquad \text{（查附录：常用对数表）}. \end{aligned}$$

因为 2009－503－1452＝54，就是说这幅画应是达·芬奇 54 岁时完成，而达·芬奇活了 1519－1452＝67 岁，所以从时间上判断，这幅画不是赝品.

课堂练习

1．仓库库存的某种商品价值是 50 万元，如果每年的损耗率是 4.5%，即该商品价值每年比上一年减少 4.5%，那么经过多少年，它的价值降为 20 万元（保留两位有效数字）？

2．某钢铁公司的年产量为 a 万吨，计划每年比上一年增产 10%，问经过多少年产量将翻一番（保留两位有效数字）？

知识点拓展

换 底 公 式

在用对数解决实际问题时，对数的底数往往是含有多位小数的数字，计算起来很不方便，而使用常用对数就简单多了．我们可以利用计算器或查常用对数表（附录：常用对数表）得到答案．这时就需要将普通对数转换为常用对数，这种转换被称为换底．

由对数的定义可知

$$\log_b N = x \Leftrightarrow b^x = N.$$

对 $b^x = N$ 两端取常用对数得

$$x \cdot \lg b = \lg N$$

$$x = \frac{\lg N}{\lg b}$$

所以

$$\log_b N = \frac{\lg N}{\lg b}. \qquad (1)$$

同理，我们可以得到一般换底公式

$$\log_b N = \frac{\log_a N}{\log_a b} \qquad (2)$$

（1），（2）通称为**换底公式**．

【例 1】 计算 $\log_8 9 \times \log_{27} 32$．

解： 利用换底公式 $\log_b N = \dfrac{\lg N}{\lg b}$ 有

$$\log_8 9 \times \log_{27} 32 = \frac{\lg 9}{\lg 8} \times \frac{\lg 32}{\lg 27}$$

$$= \frac{2\lg 3}{3\lg 2} \times \frac{5\lg 2}{3\lg 3}$$

$$= \frac{10}{9}.$$

知识点拓展

【例 2】求证：$\log_x y\times\log_y z=\log_x z$.

证明：利用换底公式有 $\log_y z=\dfrac{\log_x z}{\log_x y}$，所以

$$\begin{aligned}\log_x y\times\log_y z&=\log_x y\times\frac{\log_x z}{\log_x y}\\&=\log_x z.\end{aligned}$$

证明完毕.

习题 4.4

1．选择题.

（1）函数 $y=\lg x$（　　）.

A．在区间（$-\infty$，$+\infty$）内是增函数

B．在区间（$-\infty$，$+\infty$）内是减函数

C．在区间（0，$+\infty$）内是增函数

D．在区间（$-\infty$，0）内是减函数

（2）函数 $y=\log_{\frac{1}{2}}(1-2x)$ 的定义域是（　　）.

A．（$-\infty$，$+\infty$）　　B．（$-\infty$，$\frac{1}{2}$）∪（$\frac{1}{2}$，$+\infty$）

C．[$\frac{1}{2}$，$+\infty$）　　D．（$-\infty$，$\frac{1}{2}$）

2．求下列函数的定义域.

（1）$y=\ln(x^2-x)$；　　（2）$y=\sqrt{2-\lg x}$.

3．已知下列不等式，比较正数 m，n 的大小.

（1）$\log_3 m<\log_3 n$;　　（2）$\log_{0.3}m>\log_{0.3}n$.

4．利用换底公式计算下列各式的值.

（1）$\log_5 4\times\log_8 5$;　　（2）$\log_2 3\times\log_{27}125$;

（3）$(\lg 5)^2+\lg 2\times\lg 50$;　　（4）$\log_2\frac{1}{25}\times\log_3\frac{1}{8}\times\log_5\frac{1}{9}$.

5．应用题.

（1）已知放射性物质镭经过 100 年，残留量为原来质量的 95.76%，计算它的半衰期（保留四位小数）.

（2）某单位通过节能减耗降低生产成本，假如每年比上一年降低成本 10%，问经过几年其成本可以降低到原来的一半？

复习题 4

1．选择题.

（1）下列运算中正确的是（　　）.

A．$2^{\frac{3}{4}}\times 2^{\frac{4}{3}}=2$　　　　B．$2^{\frac{3}{4}}\div 2^{\frac{4}{3}}=2$

C．$\left(2^{\frac{3}{4}}\right)^{\frac{4}{3}}=2$　　　　D．$2^{-\frac{3}{4}}\times 2^{\frac{3}{4}}=0$

（2）已知 $a>0$ 且 $a\neq 1$，下列式子中，错误的是（　　）.

A．$\sqrt[3]{a^{2}}=a^{\frac{3}{2}}$　　B．$\log_{a}a^{2}=2$　　C．$a^{-\frac{3}{5}}=\frac{1}{\sqrt[5]{a^{3}}}$　　D．$a^{x-y}=\frac{1}{a^{y-x}}$

（3）下列各指数函数中，在区间（$-\infty$，$+\infty$）内为减函数的是（　　）.

A．$y=3^{x}$　　B．$y=\left(\frac{\pi}{4}\right)^{x}$　　C．$y=10^{x}$　　D．$y=5^{x}$

（4）已知 $y=a^{x}$（$a>0$ 且 $a\neq 1$）的图像经过定点 P，则点 P 的坐标可能是（　　）.

A．（0，1）　　B．（1，0）　　C．（1，1）　　D．（0，0）

（5）下列各函数为指数函数的是（　　）.

A．$y=x^{\frac{3}{2}}$　　B．$y=\log_{3}x$　　C．$y=2^{x}$　　D．$y=x$

（6）“y 是以 a 为底的 x 的对数”记作（　　）.

A．$y=\log_{a}x$　　B．$x=\log_{a}y$　　C．$x=\log_{y}a$　　D．$y=\log_{x}a$

（7）设 $x>0$，$y>0$，下列各式中正确的是（　　）.

A．$\ln(x+y)=\ln x+\ln y$　　　　B．$\ln xy=\ln x\cdot\ln y$

C．$\ln xy=\ln x+\ln y$　　　　D．$\ln\frac{x}{y}=\frac{\ln x}{\ln y}$

（8）下列各函数中，在区间（0，$+\infty$）内为增函数的是（　　）.

A．$y=x^{-2}$　　B．$y=\log_{2}x$　　C．$y=2^{-x}$　　D．$y=\left(\frac{2}{3}\right)^{x}$

2．填空题.

（1）$4^{-1}\times(2-\sqrt{2})^{0}+9^{\frac{1}{2}}\times 2^{-2}+\left(\frac{1}{2}\right)^{-\frac{1}{2}}-\sqrt{2}=$____________；

（2）化简 $2x^{-\frac{1}{3}}\left(\frac{1}{2}x^{\frac{1}{3}}-2x^{-\frac{2}{3}}\right)=$____________；

（3）已知 $5^{x}=7$，则 $x=$____________；

（4）指数式 $27^{-\frac{1}{3}}=\frac{1}{3}$ 写成对数式为____________；

（5）函数 $y=\lg(x-1)$ 的定义域为____________；

（6）$\lg\frac{300}{7}+\lg\frac{700}{3}+\lg100=$______.

3．设指数函数 $f(x)=a^x$ 经过点（2，9），求 $f(-1)$．

4．作出下列各函数的图像．

（1）$y=3^x$；（2）$y=3^{-x}$；（3）$y=\log_3 x$．

5．求下列函数的定义域．

（1）$y=\frac{1}{1-\log_2 x}$；（2）$y=\sqrt{3^x-27}$．

6．应用题．

（1）2010 年某县的人均 GDP 约为 900 美元，如果按 8%的年平均增长率增长，那么到 2015 年该县的人均 GDP 比 2010 年增长多少？（保留两位小数）

（2）某化工厂生产的某种化工产品，去年生产成本为 50 元/桶，现进行了技术革新，运用了新技术与新工艺，使生产成本平均每年降低 12%，问几年后每桶生产成本为 30 元？（保留两位小数）

（3）2000 年世界人口为 60 亿，目前世界人口增长率为 1.84%，问按照这种趋势，哪一年世界人口将达到 120 亿？

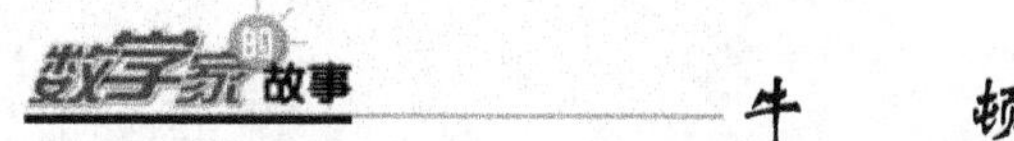

牛　顿

艾萨克·牛顿（Isaac Newton，1643—1727 年），1643 年 1 月 4 日生于英格兰林肯郡格兰瑟姆附近的沃尔索普村，是英国伟大的数学家、物理学家、天文学家和自然哲学家，其研究领域包括物理学、数学、天文学、神学、自然哲学和炼金术．牛顿的主要贡献有发明了微积分，发现了万有引力定律和经典力学的基本定律，设计并实际制造了第一架反射式望远镜等，他被誉为人类历史上最伟大、最有影响力的科学家．

牛顿 1661 年进入英国剑桥大学圣三一学院，1665 年发现了二项式定理，1665 年获学士学位．1667 年牛顿回到剑桥后当选为剑桥大学三一学院院委，次年获硕士学位．1669 年，26 岁的牛顿被剑桥大学任命为卢卡斯讲座的数学教授．1696 年任皇家造币厂监督，并移居伦敦．1703 年任英国皇家学会会长．1706 年受英国女王安娜封爵．1727 年，牛顿在伦敦病逝，享年 84 岁．

在牛顿的全部科学贡献中，数学成就占有突出的地位。他数学生涯中的第一项创造性成果就是发现了二项式定理．牛顿在 1664 年和 1665 年间的冬天，研读沃利斯博士的《无穷算术》时，试图修改他的求圆面积的级数时发现了这一定理．微积分的创立是牛顿最卓越的数学成就．牛顿为了解决运动问题，提出了这种和物理概念直接联系的数学理论，牛顿称之为“流数术”．它所处理的一些具体问题，如切线问题、求积问题、瞬时速度问题以及函数的极大值和极小值问题等，在牛顿前已经得到人们的研究了，但牛顿超越了前人，他站在了更高的角度. 他对以往分散的结论加以综合，将自古希腊以来求解无限小问题的各种技巧统一为两类普通的算法——微分和积分，并确立了这两类运算的互逆关系，从而完成了微积分发明中最关键的一步，为近代科学发展提供了最有效的工具，开辟了数学上的一个新纪元. 但是，牛顿仍然谦虚地说："如果说我比别人（笛卡儿）看得更远些，那是因为我站在巨人的肩膀上."

牛顿没有及时发表微积分的研究成果，他研究微积分可能比莱布尼茨早一些，但是莱布尼茨所采取的表达形式更加合理，而且关于微积分的著作出版时间也比牛顿早. 在牛顿和莱布尼茨之间，为争论谁是这门学科的创立者的问题上，竟然造成了欧洲大陆的数学家和英国数学家的长期对立.

牛顿不仅仅是卓著的科学家，而且是科学理论发展中最有影响的人物之一. 因此在世界最有影响的 100 位历史人物中，牛顿仅次于穆罕默德排名第二位（排在耶稣和释迦牟尼之前）.

第5章

三 角 函 数

本章导读

世间的事物大部分都在运动，而大部分运动又与角度有关．人们熟悉的手表的指针，不仅在周而复始地运动，而且指针沿逆时针方向运动和沿顺时针方向运动的结果也不一样．自然界中，很多现象的运动呈现出周期性的变化，这些现象表现出的特征多数与三角函数密切相关．三角函数是研究圆周运动和周期性现象的重要数学工具．

本章在中学所学锐角三角函数的基础上推广到任意角，并进一步研究任意角的三角函数的图像、性质及其在实际中的应用．

5.1 角的概念的推广

5.1.1 任意角的概念

我们知道，角是一条射线绕其端点旋转而形成的图形，生活中我们用扳手拧螺母的动作，就是一个角形成的过程，如图 5-1 所示，扳手按逆时针方向由 OA 旋转到 OB 时，形成$\angle AOB$；扳手由 OA 逆时针旋转一周形成 360°的角；如果扳手在旋转 360°的基础上继续旋转，那么所形成的角是多少呢？

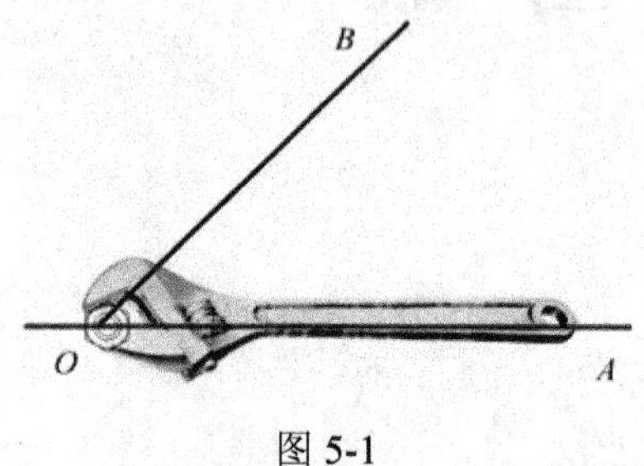

图 5-1

从这个实例可以看出，仅用 0°~360°范围内的角，是远不能满足生产、生活的需要的，因此，我们将角的概念进行推广．

如图 5-2（1）所示，一条射线由位置 OA，绕其端点 O，按逆时针（或顺时针）方向旋转到另一位置 OB 形成的图形称为**角**，旋转开始位置的射线 OA 称为角的**始边**，终止位置的射线 OB 称为角的**终边**，端点 O 称为角的**顶点**．

规定：按逆时针方向旋转所形成的角称为**正角**，如图 5-2（2）所示，按顺时针方向旋转所形成的角称为**负角**，如图 5-2（3）所示．为了计算和逻辑上的方便，规定当射线没有作任何旋转时，也形成了一个角，称为**零角**．这样，我们把角的概念推广到了**任意角**．

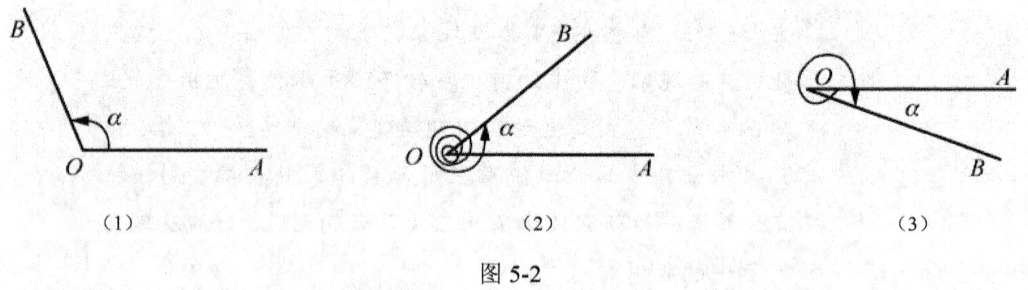

图 5-2

角的概念推广后，角可以是任意大小的正角、负角和零角，用小写字母 α，β，γ 等表示．

在实际中，为了研究的方便，经常在平面直角坐标系中研究角，并将角的顶点放在坐标原点，始边与 x 轴的正半轴重合．今后如无特别说明，所有的角都是这样定位的角．

此时，角的终边在第几象限，就说这个角是第几象限的角，或者说这个角在第几象限．

如图 5-3（1）中所示的 30°，390°，－330°都是第一象限的角；图 5-3（2）中所示的 120°是第二象限的角，－120°是第三象限的角；图 5-3（3）中所示的－60°，300°角都是第四象限的角．

可见，将角的概念推广后，各个象限的角既有锐角，又有钝角或大于 360°的角；既有正角，又有负角．

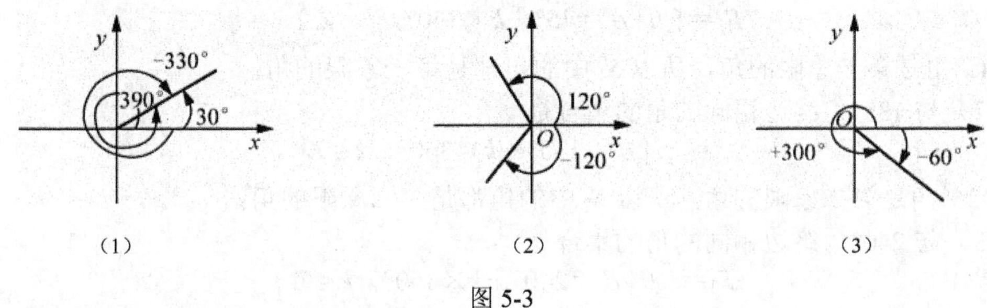

图 5-3

终边在坐标轴上的角称为界限角，如 0°，90°，180°，270°，360°，－90°，－180°，－270°等都是界限角．

课堂练习

1．选择题．

（1）下列说法中，正确的是（　　）．

A．第一象限的角一定是锐角　　B．锐角一定是第一象限的角

C．小于 90°的角一定是锐角　　D．第一象限的角一定是正角

（2）－50°角的终边在（　　）．

A．第一象限　　B．第二象限

C．第三象限　　D．第四象限

2．在直角坐标系中分别作出下列各角，并指出它们是第几象限的角．

（1）60°；　（2）－210°；　（3）225°；　（4）－300°．

5.1.2 终边相同的角

在图 5-3（1）和图 5-3（2）中，我们不难看出，∠30°，390°，－330°的终边重合；∠－60°，300°的终边重合，我们分别称为它们是**终边相同的角．**

我们还可以写出很多与以上所述角终边相同的角$\angle\beta$，从图 5-3（1），图 5-3（2）可以看出，所有与 30°角终边相同的角$\angle\beta$都是 360°的整数倍与 30°的和，即都可以写成 $30°+k\times360°$（$k\in\mathbf{Z}$）的形式．因此与 30°角终边相同的角$\angle\beta$的集合是

$$\{\beta\,|\,\beta=30°+k\times360°,\ k\in\mathbf{Z}\}.$$

一般地，与$\angle\alpha$终边相同的角（包括$\angle\alpha$）都可以写成 $\alpha+k\times360°$（$k\in\mathbf{Z}$）的形式．可见与$\angle\alpha$终边相同的角有无限多个，它们所组成的集合为

$$\{\beta\,|\,\beta=\alpha+k\times360°,\ k\in\mathbf{Z}\}.$$

根据角的定义，终边相同的角具有一些共同的特征，因此我们可以通过熟悉的角来讨论一般角的性质，所以熟悉终边相同的角是必不可少的内容.

【例 5.1.1】 写出与下列各角终边相同的角的集合，并指出它们是哪个象限的角.

（1）45°；（2）135°；（3）240°；（4）330°.

解：（1）与 45°角终边相同的角的集合是

$$S_1=\{\beta \mid \beta=45°+k\times 360°,\ k\in \mathbf{Z}\},$$

由于 45°角是第一象限的角，所以 S_1 中的角都是第一象限的角；

（2）与 135°角终边相同的角的集合是

$$S_2=\{\beta \mid \beta=135°+k\times 360°,\ k\in \mathbf{Z}\},$$

由于 135°角是第二象限的角，所以 S_2 中的角都是第二象限的角；

（3）与 240°角终边相同的角的集合是

$$S_3=\{\beta \mid \beta=240°+k\times 360°,\ k\in \mathbf{Z}\}$$

由于 240°角是第三象限的角，所以 S_3 中的角都是第三象限的角；

（4）与 330°角终边相同的角的集合是

$$S_4=\{\beta \mid \beta=330°+k\times 360°,\ k\in \mathbf{Z}\}$$

由于 330°角是第四象限的角，所以 S_4 中的角都是第四象限的角.

【例 5.1.2】 写出终边在 y 轴和 x 轴上的角的集合.

解：（1）终边在 y 轴正半轴上的一个角是 90°，在 y 轴负半轴上的一个角是 −90°，如图 5-4 所示. 因此，终边在 y 轴正负半轴上角的集合分别是

$$S_1=\{\beta \mid \beta=90°+k\times 360°,\ k\in \mathbf{Z}\}$$

$$S_2=\{\beta \mid \beta=-90°+k\times 360°,\ k\in \mathbf{Z}\}$$

所以，终边在 y 轴上角的集合是

$$\begin{aligned} S_1\cup S_2&=\{\beta \mid \beta=90°+k\times 360°,\ k\in \mathbf{Z}\}\cup\{\beta \mid \beta=-90°+k\times 360°,\ k\in \mathbf{Z}\}\\ &=\{\beta \mid \beta=90°+k\times 180°,\ k\in \mathbf{Z}\}; \end{aligned}$$

（2）终边在 x 轴正负半轴上的两个角分别是 0°和 180°，如图 5-5 所示. 因此，终边在 x 轴上的角的集合是

$$\begin{aligned} S_3\cup S_4&=\{\beta \mid \beta=0°+k\times 360°,\ k\in \mathbf{Z}\}\cup\{\beta \mid \beta=180°+k\times 360°,\ k\in \mathbf{Z}\}\\ &=\{\beta \mid \beta=0°+k\times 180°,\ k\in \mathbf{Z}\}\\ &=\{\beta \mid \beta=k\times 180°,\ k\in \mathbf{Z}\}. \end{aligned}$$

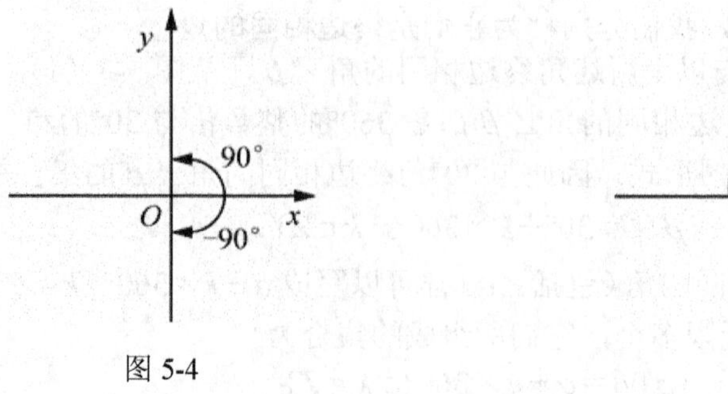

图 5-4　　　　图 5-5

课堂练习

1．画出下列各角．

$45°$，$90°$，$120°$，$210°$，$330°$，$-60°$，$-90°$，$-135°$，$-420°$．

2．写出与下列各角终边相同的角的集合，并说明它们各是哪个象限的角．

$30°$，$60°$，$120°$，$-45°$，$-120°$．

习题 5.1

1．选择题．

（1）与 $330°$角终边相同的角为（　　）．

A．$-60°$　　B．$390°$　　C．$-45°$　　D．$-390°$．

（2）第二象限角的集合可以表示为（　　）．

A．$\{\alpha \mid 0°<\alpha<90°\}$

B．$\{\alpha \mid 90°<\alpha<180°\}$

C．$\{\alpha \mid k\times 360°<\alpha<90°+k\times 360°,\ k\in \mathbf{Z}\}$

D．$\{\alpha \mid 90°+k\times 360°<\alpha<180°+k\times 360°,\ k\in \mathbf{Z}\}$

2．填空题．

（1）分针每分钟转过________°；时针每小时转过________°；时针一昼夜转过________°；

（2）所有与$\angle\alpha$终边相同的角组成一个集合，这个集合为________；

（3）$k\times 360°-30°$（$k\in \mathbf{Z}$）所表示的角是第________象限的角．

3．写出与下列各角终边相同的角的集合，并把其中在 $0°\sim360°$ 范围内的角写出来．

（1）$420°$；　　（2）$-135°$．

5.2 弧 度 制

5.2.1 弧度制的概念

我们已经将角扩展到任意角，因为度、分、秒采用的是 60 进位制，即将圆周的 $\frac{1}{360}$ 所对的圆心角称为 **1 度角**，记作 $1°$．$1°$等于 60 分，即 $1°=60'$．$1'$等于 $60''$，即 $1'=60''$．这种进位制称为**角度制**，但在有些单位换算和计算中非常麻烦，所以我们引入弧度制的概念．

一般地，将弧长等于半径的圆弧所对的圆心角称为 1 弧度的角，记作 1 弧度或 1rad．以弧度为单位来度量角的单位制称为**弧度制**，如图 5-6 所示．

若半径为 r，则弧长 $2r$ 的圆弧所对的圆心角就是 2rad，如图 5-7 所示．

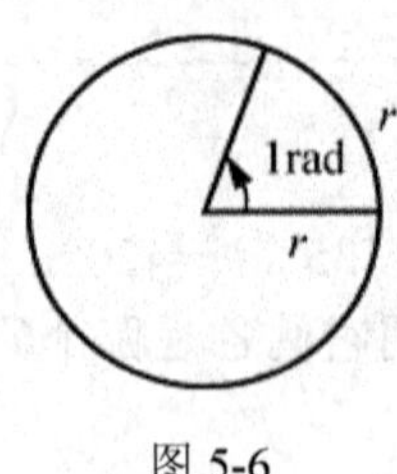

图 5-6

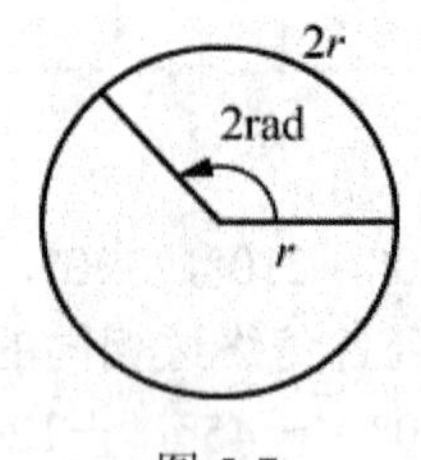

图 5-7

规定：正角的弧度为正数，负角的弧度为负数，零角的弧度为零．

由定义可知，当$\angle\alpha$用弧度表示时，其绝对值等于圆弧长l与半径r的比，即

$$|\alpha|=\frac{l}{r}\text{（rad）}.$$

我们知道，半径为r的圆的周长为$2\pi r$，故周角的弧度为

$$\frac{2\pi r}{r}=2\pi\text{（rad）},$$

即

$$360^\circ=2\pi\text{（rad）},$$
$$180^\circ=\pi\text{（rad）}.$$

进而我们可以得到

$$1^\circ=\frac{\pi}{180}\text{（rad）}\approx 0.01745\text{（rad）}$$

$$1\text{（rad）}=\left(\frac{180}{\pi}\right)^\circ\approx 57.3^\circ=57^\circ 18'.$$

说明

今后用弧度制表示角度时，在不产生误解的情况下，通常可以省略单位“弧度”或“rad”．如 1（rad）、2（rad）、$\frac{\pi}{2}$（rad）分别可以直接表示为 1，2，$\frac{\pi}{2}$．

表 5-1 是常见特殊角的弧度与角度之间的换算对照表．

表 5-1

度	0°	30°	45°	60°	90°	180°	270°	360°
弧度	0	$\frac{\pi}{6}$	$\frac{\pi}{4}$	$\frac{\pi}{3}$	$\frac{\pi}{2}$	π	$\frac{3\pi}{2}$	2π

从表 5-1 可以看出，采用弧度制后，每一个角都对应一个唯一的实数；反之，每一个实数都对应唯一的一个角，即角与实数之间建立了一一对应关系．

【例 5.2.1】把下列各角由角度换算为弧度.

（1）15°；　　（2）8°30′；　　（3）－100°.

解：（1）$15°=15\times\frac{\pi}{180}=\frac{\pi}{12}$；

（2）$8°30'=8.5°=8.5\times\frac{\pi}{180}=\frac{17\pi}{360}$；

（3）$-100°=100\times\frac{\pi}{180}=\frac{5}{9}\pi$.

【例 5.2.2】将下列各弧度化为角度.

（1）$\frac{3\pi}{5}$；　　（2）2.1；　　（3）－3.5.

解：（1）$\frac{3\pi}{5}=\frac{3}{5}\times180°=108°$；

（2）$2.1=2.1\times\left(\frac{180}{\pi}\right)^{\circ}=\left(\frac{378}{\pi}\right)^{\circ}$；

（3）$-3.5=-3.5\times\left(\frac{180}{\pi}\right)^{\circ}=-\left(\frac{630}{\pi}\right)^{\circ}$.

对一些角度和弧度可以利用计算器进行计算，具体使用参照计算器其他功能的使用，这里不再介绍．需要强调的是，当数字涉及度、分、秒时，要在度、分、秒之间分别按相应的功能键.

课堂练习

1．把下列各角由角度制换算为弧度制.

180°=__________；90°=__________；45°=__________；

15°=__________；60°=__________；30°=__________；

120°=__________；270°=__________.

2．把下列各角由弧度制换算为角度制.

$\pi=$__________；$\frac{\pi}{2}=$__________；$\frac{\pi}{4}=$__________；

$\frac{\pi}{8}=$__________；$\frac{2\pi}{3}=$__________；$\frac{\pi}{3}=$__________；

$\frac{\pi}{6}=$__________；$\frac{\pi}{12}=$__________.

3．把下列各角由角度换算为弧度.

（1）75°；　　（2）－240°；　　（3）67°30′；　　（4）105°.

4．把下列各角由弧度换算为角度.

（1）$\frac{\pi}{15}$；　　（2）$\frac{2\pi}{5}$；　　（3）$-\frac{4\pi}{3}$；　　（4）-6π.

5．经过 1h，钟表的时针和分针各转过了多少度？将其换算为弧度.

5.2.2 弧度制应用

【例 5.2.3】某机械采用带传动，由发动机的主动轮带着工作机的从动轮转动，如图 5-8 所示，设主动轮 A 的直径为 100mm，从动轮 B 的直径为 280mm．问主动轮 A 旋转 360°，从动轮 B 旋转的角是多少（精确到 1′）？

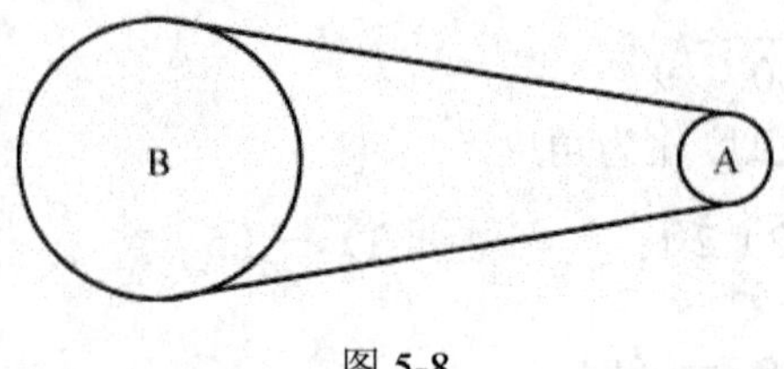

图 5-8

解：主动轮 A 旋转 360°，即旋转一周，所以传动带转过的长度就是 A 的周长 l．

$$l=100\pi\ (\text{mm}).$$

那么，从动轮随传动带 B 也转过 $l=100\pi$（mm），由公式 $|\alpha|=\frac{l}{r}$（rad）得从动轮转过的角

$$\alpha=\frac{l}{r}=\frac{100\pi}{280/2}=\frac{5\pi}{7}\approx 128°34'.$$

所以，从动轮旋转的角是 $\frac{5\pi}{7}$，约为 128°34′.

【例 5.2.4】求如图 5-9 所示公路弯道部分弧 AB 的长 l（单位：m，精确到 0.1m）.

解：因为 $60°=\frac{\pi}{3}$，又由公式 $|\alpha|=\frac{l}{r}$（rad）得

$$\begin{aligned}l&=|\alpha|\cdot r\\&=\frac{\pi}{3}\cdot 45\\&\approx 47.1\ (\text{m}).\end{aligned}$$

所以，弯道部分弧长约为 47.1m.

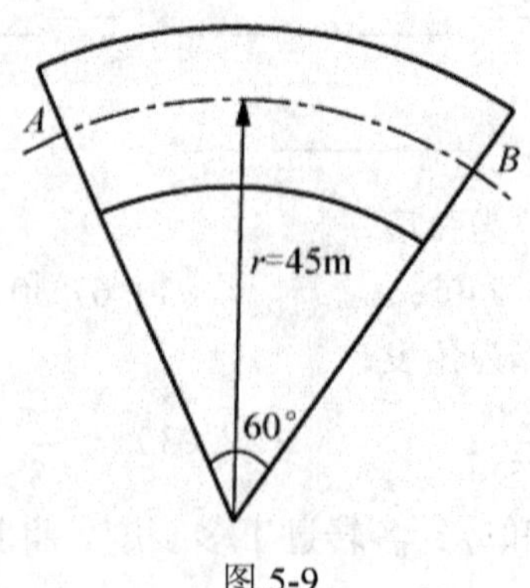

图 5-9

课堂练习

1．填空题．

（1）若扇形的半径为10cm，圆心角为60°，则该扇形的弧长$l=$__________；

（2）已知1°的圆心角所对的弧长为1 cm，那么这个圆的半径是__________．

2．自行车行动时，车轮在1min内转过了96圈．若车轮的半径为0.33m，则自行车1h前进了多少米（精确到1m）？

习题 5.2

1．填空题．

（1）在表5-2的空格内填上适当的角度或弧度．

表 5-2

角度	0°	15°				90°	120°	135°								
弧度			$\frac{\pi}{6}$	$\frac{\pi}{4}$	$\frac{\pi}{3}$				$\frac{5\pi}{6}$	π				$\frac{5\pi}{3}$	$\frac{11\pi}{6}$	2π

（2）设半径为2，圆心角α所对的弧长为5，则$\angle\alpha$为__________．

2．把下列各角由角度换算为弧度．

（1）$-140°$；　　（2）735°．

3．把下列各角由弧度换算为角度．

（1）$\frac{5\pi}{8}$；　　（2）2.718．

4．已知200°的圆心角所对的圆弧长为50cm，求圆的半径．

5．一段公路的弯道半径是30m，转过的圆心角是120°，求该弯道的长度．

5.3 任意角的正弦函数、余弦函数和正切函数

5.3.1 任意角的正弦函数、余弦函数和正切函数的概念

在初中时，同学们学习了锐角的三角函数，如果$\angle\alpha$是直角三角形的一个锐角，如图5-10所示，则定义它的三角函数为

$$\sin\alpha=\frac{\angle\alpha\text{的对边}}{\text{斜边}};\qquad \cos\alpha=\frac{\angle\alpha\text{的邻边}}{\text{斜边}};$$

$$\tan\alpha=\frac{\angle\alpha\text{的对边}}{\angle\alpha\text{的邻边}};\qquad \cot\alpha=\frac{\angle\alpha\text{的邻边}}{\angle\alpha\text{的对边}}.$$

我们将$\angle\alpha$的顶点放在坐标原点，邻边放在x轴正半轴上，如图 5-11 所示，点P是其终边上一点，$P(x, y)$为点P的坐标，r为点$P(x, y)$到原点的距离，即$r=\sqrt{x^2+y^2}$.

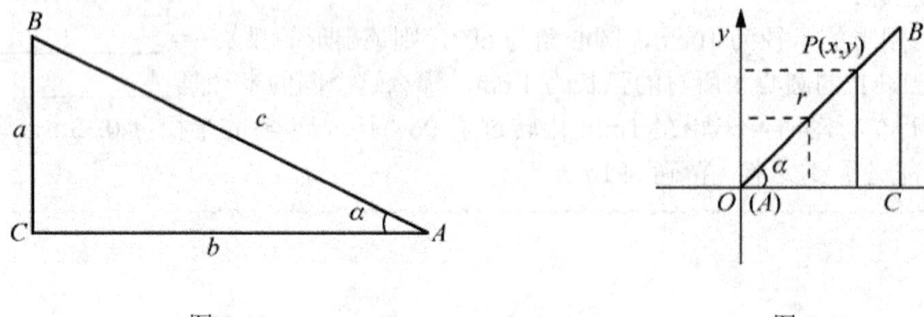

图 5-10　　　　图 5-11

不难证明，$\angle\alpha$的三角函数也可以定义为

$$\sin\alpha=\frac{y}{r};\qquad \cos\alpha=\frac{x}{r};\qquad \tan\alpha=\frac{y}{x};\qquad \cot\alpha=\frac{x}{y}.$$

而且，当$\angle\alpha$的大小确定以后，它的三角函数与其终边上的点P的位置无关，仅与点P的纵横坐标及点P到原点的距离有关，即当取定点P后，它的三角函数就是其纵横坐标及点P到原点的距离r三者之间的比值.

类似地，我们定义任意角的三角函数.

一般地，设α是平面直角坐标系中的一个任意角，点$P(x, y)$是其终边上任意一点，点P到原点的距离为$r=\sqrt{x^2+y^2}$ $(r>0)$，那么$\angle\alpha$的**正弦函数**、**余弦函数**、**正切函数**分别定义为

$$\sin\alpha=\frac{y}{r};\qquad \cos\alpha=\frac{x}{r};\qquad \tan\alpha=\frac{y}{x}.$$

显然，当$\angle\alpha$的终边在y轴上时，其终边上任意一点P的横坐标x为 0，所以，其正切函数不存在. 因此，正弦函数、余弦函数、正切函数的定义域如表 5-3 所示.

表 5-3

三角函数	定义域
$\sin\alpha$	$\mathbf{R}$
$\cos\alpha$	$\mathbf{R}$
$\tan\alpha$	$\{\alpha \mid \alpha\neq\frac{\pi}{2}+k\pi,\ k\in\mathbf{Z}\}$

在弧度制下，$\angle\alpha$的度量值是一个实数，因此，三角函数是以实数为自变量的函数. 至此，如果已经知道一个角终边上任意一点的坐标，则它的正弦函数、余弦函数及正切函数都可以计算出来了.

【例 5.3.1】已知∠α终边上一点 P（2，−3），如图 5-12 所示，求∠α的正弦、余弦和正切.

解：由点 P 的坐标知，点 P 到原点的距离

$$r=\sqrt{x^2+y^2}=\sqrt{2^2+(-3)^2}=\sqrt{13}.$$

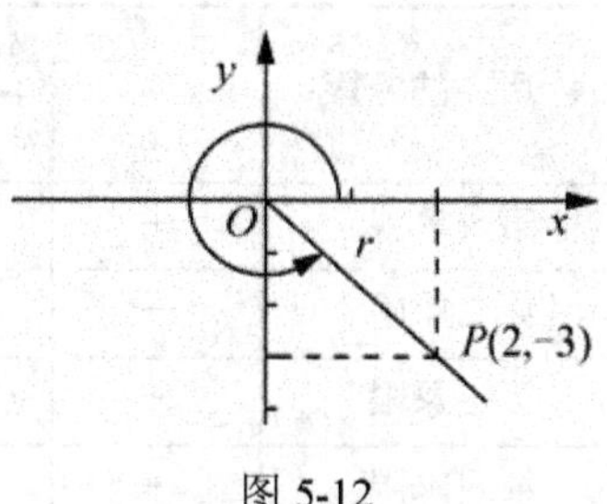

图 5-12

根据三角函数的定义有

$$\sin\alpha=\frac{y}{r}=\frac{-3}{\sqrt{13}}=-\frac{3\sqrt{13}}{13},$$

$$\cos\alpha=\frac{x}{r}=\frac{2}{\sqrt{13}}=\frac{2\sqrt{13}}{13},$$

$$\tan\alpha=\frac{y}{x}=\frac{-3}{2}=-\frac{3}{2}.$$

课堂练习

1．已知∠α终边上一点 P 的坐标如下，分别求出∠α的正弦、余弦和正切值.

（1）P（3，−4）；　（2）P（−1，2）；　（3）P（$\frac{1}{2}$，$\frac{\sqrt{3}}{2}$）.

2．利用任意角三角函数的定义，填写表 5-4.

表 5-4

α	0	$\frac{\pi}{6}$	$\frac{\pi}{4}$	$\frac{\pi}{3}$	$\frac{\pi}{2}$	π	$\frac{3\pi}{2}$	2π
$\sin\alpha$								
$\cos\alpha$								
$\tan\alpha$								

5.3.2　各象限角的三角函数的正负号及界限角的三角函数值

由于在求三角函数的三个量中，$r>0$，所以三角函数值的正负号由终边上点 P 的坐标来确定，将点 P（x，y）的坐标与各象限角的三角函数值的正负号列表，如表 5-5 所示.

表 5-5

α 所在的象限	点 P 的坐标		$\sin\alpha=\frac{y}{r}$	$\cos\alpha=\frac{x}{r}$	$\tan\alpha=\frac{y}{x}$
	x	y			
第一象限	+	+	+	+	+
第二象限	−	+	+	−	−
第三象限	−	−	−	−	+
第四象限	+	−	−	+	−

为了便于记忆，我们将 $\sin\alpha$ 、$\cos\alpha$ 、$\tan\alpha$ 的正负号标在各象限内，如图 5-13 所示.

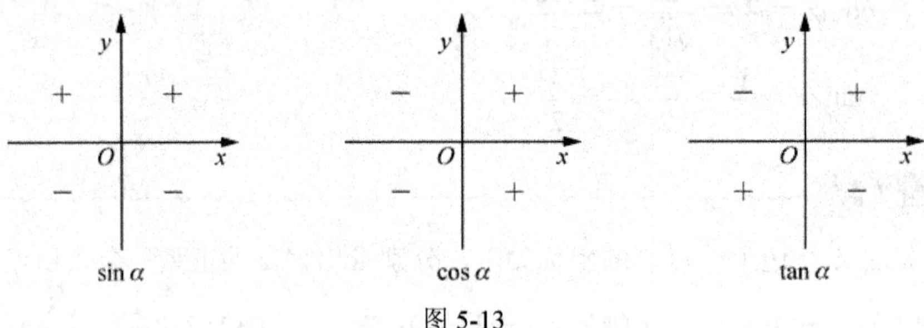

图 5-13

界限角是指终边在坐标轴上的角，终边在 x 轴上的点的纵坐标为 0，终边在 y 轴上的点的横坐标为 0，由三角函数的定义容易得到，在 0~2π 间的所有界限角的三角函数如表 5-6 所示.

表 5-6

三角函数	0	$\frac{\pi}{2}$	π	$\frac{3\pi}{2}$	2π
$\sin\alpha$	0	1	0	−1	0
$\cos\alpha$	1	0	−1	0	1
$\tan\alpha$	0	不存在	0	不存在	0

其他界限角总可以转化为用 0~2π 之间的界限角的表达式，因此其三角函数的值就是表 5-4 中的相关值.

【例 5.3.2】求值.

（1）$5\cos180°-3\sin90°+2\tan0°-6\sin270°$；

（2）$3\cos\frac{\pi}{2}+5\sin0-\cos\pi+\sin\frac{\pi}{2}$.

解：（1）$5\cos180°-3\sin90°+2\tan0°-6\sin270°$

$=5\times(-1)-3\times1+2\times0-6\times(-1)$

$=-5-3+6$

$=-2$；

（2）$3\cos\frac{\pi}{2}+5\sin 0-\cos\pi+\sin\frac{\pi}{2}$

$=3\times 0+5\times 0-(-1)+1$

$=2$.

【例 5.3.3】 判断下列各角的三角函数值的正负号.

（1）$4327°$；　（2）$\frac{27\pi}{5}$；　（3）$-\frac{\pi}{4}$.

解：（1）因为 $4327°=7°+12\times 360°$，所以 $4327°$ 是第一象限的角，故

$\sin 4327°>0$，　$\cos 4327°>0$，　$\tan 4327°>0$；

（2）因为 $\frac{27\pi}{5}=\frac{7\pi}{5}+4\pi$，所以 $\frac{27\pi}{5}$ 是第三象限的角，故

$\sin\frac{27\pi}{5}<0$；　$\cos\frac{27\pi}{5}<0$；　$\tan\frac{27\pi}{5}>0$.

（3）因为 $-\frac{\pi}{4}$ 是第四象限的角，所以

$\sin\left(-\frac{\pi}{4}\right)<0$；　$\cos\left(-\frac{\pi}{4}\right)>0$；　$\tan\left(-\frac{\pi}{4}\right)<0$.

课堂练习

1．判断下列角的各三角函数值的正负号.

（1）$525°$；　（2）$-235°$；　（3）$\frac{19\pi}{6}$；　（4）$-\frac{3\pi}{4}$.

2．根据 $\sin\theta>0$ 且 $\tan\theta<0$，确定 θ 是第几象限的角.

3．计算下列名式.

（1）$5\sin 90°-2\cos 0°+\sqrt{3}\tan 180°+\cos 180°$；

（2）$\cos\frac{\pi}{2}-\tan 0+\frac{1}{3}(\tan\pi)^2-\sin\frac{3\pi}{2}+\cos\pi$.

习题 5.3

1．选择题.

（1）已知 $\angle\alpha$ 的终边经过点 $\left(\frac{1}{2},-\frac{\sqrt{2}}{2}\right)$，则 $\tan\alpha$ 的值是（　　）.

A．$\frac{1}{2}$　B．$-\frac{\sqrt{2}}{2}$　C．$-\sqrt{2}$　D．$-\frac{\sqrt{3}}{2}$

（2）下列各三角函数值中为负值的是（　　）.

A．$\sin 1100°$　B．$\cos(-3000°)$

C．$\tan(115°)$　D．$\tan\frac{5\pi}{4}$

（3）设 $\sin\alpha<0$，$\tan\alpha>0$，则 $\angle\alpha$ 是（　　）.

A. 第一象限的角　　　　B. 第二象限的角

C. 第三象限的角　　　　D. 第四象限的角

2. 计算下列各式的值.

（1）$3\sin270°+2\cos180°-\cos90°+\sqrt{3}\tan0°$；

（2）$5\sin\frac{\pi}{2}+2\cos0-\frac{4}{5}\tan\pi-\frac{2}{3}\sin\frac{3\pi}{2}+4\tan2\pi$.

3. 判断下列角的各三角函数值的正负号.

（1）$-\frac{5\pi}{7}$；　（2）$\frac{8\pi}{3}$；　（3）$-26°$；　（4）$850°$.

4. 根据下列条件确定 α 是第几象限的角.

（1）$\sin\alpha>0$ 且 $\cos\alpha<0$；

（2）$\tan\alpha<0$ 且 $\cos\alpha<0$.

5. 设 $\tan\alpha=1$ 且 α 为第一象限的角，求 $\sin\alpha$ 与 $\cos\alpha$.

5.4 同角三角函数的基本关系式

我们通过生活中的一个实例来说明同角三角函数的关系. 如图 5-14 所示，通常用坡度来表示斜坡的陡度，其数值往往是坡角（斜坡与水平面所成的角）的正切值. 设坡角为 α，如果 $\tan\alpha=\sqrt{3}$，小明沿着斜坡走了 10m，想知道自己升高了多少米，如果知道 $\sin\alpha$，问题就简单了，那么如何利用 $\tan\alpha$ 求出 $\sin\alpha$ 呢？

直角坐标系，如图 5-15 所示.

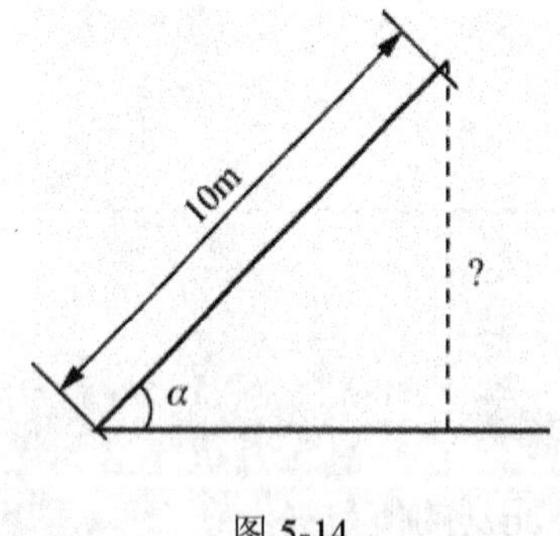

图 5-14

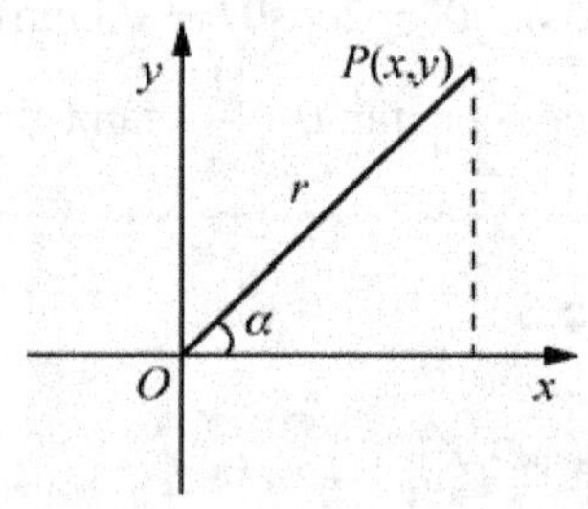

图 5-15

根据三角函数的定义

$$\sin\alpha=\frac{y}{r};\qquad \cos\alpha=\frac{x}{r};\qquad \tan\alpha=\frac{y}{x}.$$

由勾股定理得：$x^2+y^2=r^2$，从而得到同角三角函数的两个基本关系式

$$\sin^2\alpha+\cos^2\alpha=1;$$

$$\tan\alpha=\frac{\sin\alpha}{\cos\alpha}.$$

在本节的问题中，我们知道 $\tan\alpha=\sqrt{3}$，代入第二个公式有

$$\frac{\sin\alpha}{\cos\alpha}=\sqrt{3}$$

即 $\sin\alpha=\sqrt{3}\cos\alpha$，再代入第一个公式有

$$(\sqrt{3}\cos\alpha)^2+\cos^2\alpha=1$$

解得

$$\cos\alpha=\frac{1}{2}$$

所以

$$\sin\alpha=\frac{\sqrt{3}}{2}.$$

则小明走过的斜坡的高度是 $y=r\sin\alpha=10\sin\alpha\approx8.66$（m）.

若知道∠α 的任意两个三角函数，就可以求出第三个三角函数的值，同时利用同角三角函数的关系式也可以进行一些其他相关计算.

【例 5.4.1】已知 $\sin\alpha=\frac{4}{5}$，且 α 是第二象限的角，求 $\cos\alpha$ 和 $\tan\alpha$.

解：由 $\sin^2\alpha+\cos^2\alpha=1$ 得

$$\begin{aligned}\cos\alpha&=\pm\sqrt{1-\sin^2\alpha}\\&=\pm\sqrt{1-(\frac{4}{5})^2}\\&=\pm\frac{3}{5};\end{aligned}$$

因为 α 是第二象限的角，所以 $\cos\alpha<0$，所以

$$\cos\alpha=-\frac{3}{5},$$

$$\tan\alpha=-\frac{\frac{4}{5}}{\frac{3}{5}}=-\frac{4}{3}.$$

【例 5.4.2】已知 $\tan\alpha=2$，求 $\frac{3\sin\alpha+4\cos\alpha}{2\sin\alpha-\cos\alpha}$ 的值.

解：由 $\tan\alpha=\frac{\sin\alpha}{\cos\alpha}=2$ 得 $\sin\alpha=2\cos\alpha$，所以

$$\begin{aligned}&\frac{3\sin\alpha+4\cos\alpha}{2\sin\alpha-\cos\alpha}\\=&\frac{3(2\cos\alpha)+4\cos\alpha}{2(2\cos\alpha)-\cos\alpha}\\=&\frac{10\cos\alpha}{3\cos\alpha}\\=&\frac{10}{3}.\end{aligned}$$

【例 5.4.3】已知α为第一象限的角，化简$\sqrt{\frac{1}{\cos^2\alpha}-1}$.

解：因为α为第一象限的角，所以$\sin\alpha>0$，$\tan\alpha>0$，所以

$$\begin{aligned}&\sqrt{\frac{1}{\cos^2\alpha}-1}\\=&\sqrt{\frac{1-\cos^2\alpha}{\cos^2\alpha}}\\=&\sqrt{\frac{\sin^2\alpha}{\cos^2\alpha}}\\=&\tan\alpha.\end{aligned}$$

课堂练习

1．已知$\cos\alpha=\frac{1}{2}$，且α是第四象限的角，求$\sin\alpha$和$\tan\alpha$.

2．已知$\sin\alpha=-\frac{3}{5}$，且α是第三象限的角，求$\cos\alpha$和$\tan\alpha$.

3．已知$\tan\alpha=5$，求$\frac{\sin\alpha-4\cos\alpha}{2\sin\alpha-3\cos\alpha}$的值.

习题 5.4

1．选择题.

（1）已知角的终边上一点的坐标为（$-\frac{\sqrt{3}}{2}$，$\frac{1}{2}$），则α是（　　）.

A．第一象限的角　　B．第二象限的角

C．第三象限的角　　D．第四象限的角

（2）设θ是第三象限的角，则点P（$\cos\theta$，$\sin\theta$）在（　　）.

A．第一象限　　B．第二象限

C．第三象限　　D．第四象限

（3）已知$\sin\theta>0$，$\tan\theta<0$，则化简$\sqrt{1-\sin^2\theta}$的结果是（　　）.

A．$\cos\theta$　　B．$\tan\theta$　　C．$-\cos\theta$　　D．$\pm\cos\theta$

2．已知$\cos\alpha=-\frac{1}{2}$，且α是第三象限的角，求$\sin\alpha$和$\tan\alpha$.

3．已知$\tan\alpha=-1$，且α是第四象限的角，求$\cos\alpha$和$\sin\alpha$.

4．已知$\sin\alpha=\frac{4}{5}$，求$\cos\alpha$和$\tan\alpha$.

5．已知$\tan\alpha=3$，求下列各式的值.

（1）$\frac{\sin\alpha-\cos\alpha}{3\sin\alpha+4\cos\alpha}$；　　（2）$\frac{1}{1+\sin\alpha}+\frac{1}{1-\sin\alpha}$.

5.5 诱导公式

如果我们已经知道一个$\angle\alpha$的三角函数，则与其相关的$\alpha+k\times360°$（$k\in\mathbf{Z}$），$-\alpha$等角的三角函数与$\angle\alpha$的三角函数有什么关系呢？下面分别加以讨论.

5.5.1　$\alpha+k\times360°$（$k\in\mathbf{Z}$）的诱导公式

我们知道，30°和 390°，−60°和 300°角的终边完全相同，根据任意角三角函数的定义可以知道，30°和 390°，−60°和 300°的同名三角函数完全相等，即

$\sin30°=\sin390°$，　　$\cos30°=\cos390°$，　　$\tan30°=\tan390°$；

$\sin(-60°)=\sin300°$，　$\cos(-60°)=\cos300°$，　$\tan(-60°)=\tan300°$；

…

由此得到结论：终边相同的角的同名三角函数相同．即当$k\in\mathbf{Z}$时，有

$\sin(\alpha+k\cdot360°)=\sin\alpha$　或　$\sin(\alpha+k\cdot2\pi)=\sin\alpha$，

$\cos(\alpha+k\cdot360°)=\cos\alpha$　或　$\cos(\alpha+k\cdot2\pi)=\cos\alpha$，

$\tan(\alpha+k\cdot360°)=\tan\alpha$　或　$\tan(\alpha+k\cdot2\pi)=\tan\alpha$.

利用以上公式，可以把任意角的三角函数转化为 0°~360°的角的三角函数.

【例 5.5.1】 求下列各三角函数值.

（1）$\cos\dfrac{9\pi}{4}$；　（2）$\sin780°$；　（3）$\tan\left(-\dfrac{11\pi}{6}\right)$.

解：（1）$\cos\dfrac{9\pi}{4}=\cos\left(\dfrac{\pi}{4}+2\pi\right)=\cos\dfrac{\pi}{4}=\dfrac{\sqrt{2}}{2}$；

（2）$\sin780°=\sin(60°+2\times360°)=\sin60°=\dfrac{\sqrt{3}}{2}$；

（3）$\tan\left(-\dfrac{11\pi}{6}\right)=\tan\left[\dfrac{\pi}{6}+(-1\times2\pi)\right]=\tan\dfrac{\pi}{6}=\dfrac{\sqrt{3}}{3}$.

5.5.2　$\angle-\alpha$的诱导公式

我们知道$\angle\alpha$与$\angle-\alpha$的终边关于x轴对称，若$\angle\alpha$终边上一点$P(x, y)$，则$\angle-\alpha$上关于x轴的P点的对称点必然是$P'(x, -y)$，如图 5-16 所示.

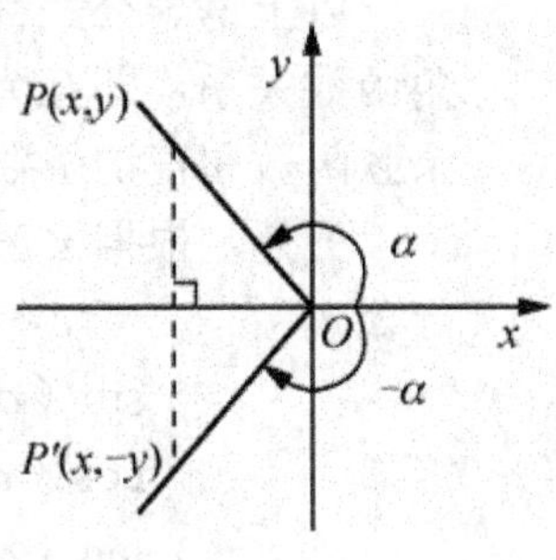

图 5-16

根据任意角三角函数的定义，则必有

$$\sin(-\alpha)=-\sin\alpha,$$
$$\cos(-\alpha)=\cos\alpha,$$
$$\tan(-\alpha)=-\tan\alpha.$$

【例 5.5.2】求下列各三角函数值.

（1）$\sin(-60°)$；　　（2）$\cos\left(-\frac{19\pi}{3}\right)$；　　（3）$\tan(-30°)$.

解：（1）$\sin(-60°)=-\sin60°=-\frac{\sqrt{3}}{2}$；

（2）$\cos\left(-\frac{19\pi}{3}\right)=\cos\frac{19\pi}{3}=\cos\left(\frac{\pi}{3}+3\times2\pi\right)=\cos\frac{\pi}{3}=\frac{1}{2}$；

（3）$\tan(-30°)=-\tan30°=-\frac{\sqrt{3}}{3}$.

5.5.3　$\angle\alpha\pm\pi$ 的三角函数的诱导公式

如图 5-17 所示，设$\angle\alpha$终边上一点 $P(x，y)$，则$\angle\alpha+\pi$的终边必然在$\angle\alpha$终边的反向延长线上，点 P 关于原点的对称点 P'必然在$\angle\alpha+\pi$的终边上，且其坐标为 $P'(-x，-y)$，即关于坐标原点对称的点 P 与 P'的纵横坐标都互为相反数，根据任意角三角函数的定义

$$\sin(\alpha+\pi)=-\sin\alpha,$$
$$\cos(\alpha+\pi)=-\cos\alpha,$$
$$\tan(\alpha+\pi)=\tan\alpha.$$

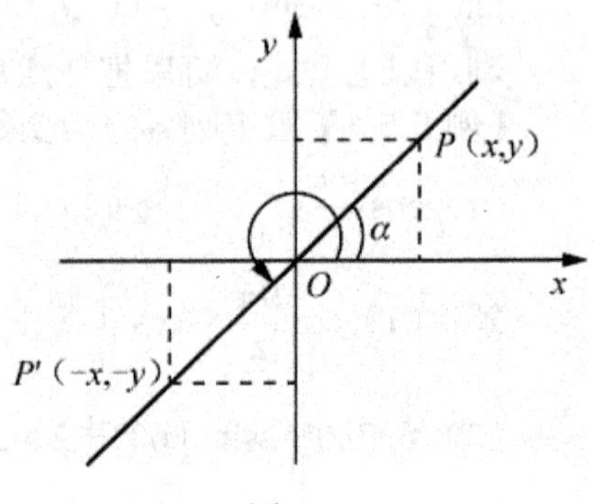

图 5-17

同理，如图 5-18 所示，我们发现$\angle\pi-\alpha$的终边与$\angle\alpha$的终边关于 y 轴对称，因此它们终边上关于 y 轴对称点的纵坐标相同，横坐标相反，根据三角函数的定义有

$$\sin(\pi-\alpha)=\sin\alpha,$$
$$\cos(\pi-\alpha)=-\cos\alpha,$$
$$\tan(\pi-\alpha)=-\tan\alpha.$$

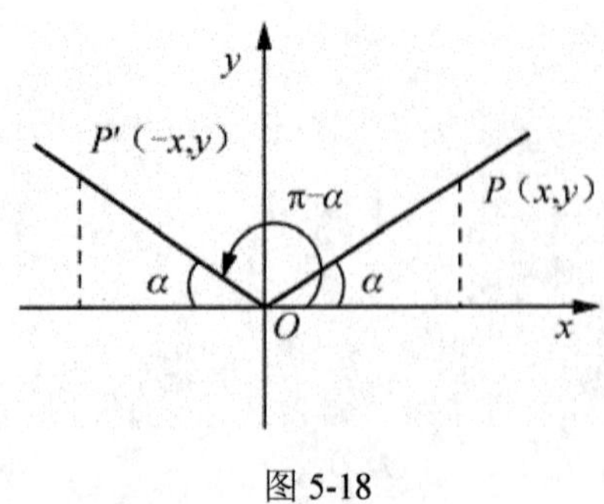

图 5-18

以上诱导公式称为互为补角的两个角之间的三角函数关系，即互为补角的两个角正弦函数相同，余弦函数和正切函数互为相反.

另外，根据$\angle-\alpha$的诱导公式可以得到以下诱导公式

$$\sin(\alpha-\pi)=-\sin\alpha,$$
$$\cos(\alpha-\pi)=-\cos\alpha,$$
$$\tan(\alpha-\pi)=\tan\alpha.$$

观察以上公式有

$$\sin(\alpha \pm \pi) = -\sin\alpha,$$
$$\cos(\alpha \pm \pi) = -\cos\alpha,$$
$$\tan(\alpha \pm \pi) = \tan\alpha.$$

【例 5.5.3】 求下列各式的值.

（1）$\sin\frac{5\pi}{6}$；（2）$\cos\frac{7\pi}{6}$；（3）$\tan\frac{3\pi}{4}$.

解：（1）$\sin\frac{5\pi}{6} = \sin\left(\pi - \frac{\pi}{6}\right) = \sin\frac{\pi}{6} = \frac{1}{2}$；

（2）$\cos\frac{7\pi}{6} = \cos\left(\frac{\pi}{6} + \pi\right) = -\cos\frac{\pi}{6} = -\frac{\sqrt{3}}{2}$；

（3）$\tan\frac{3\pi}{4} = \tan\left(\pi - \frac{\pi}{4}\right) = -\tan\frac{\pi}{4} = -1$.

课堂练习

1．求下列各三角函数值.

（1）$\cos\frac{7\pi}{3}$；（2）$\sin 750°$；

（3）$\tan\left(-\frac{\pi}{6}\right)$；（4）$\sin(-390°)$；

（5）$\cos\left(-\frac{8\pi}{3}\right)$；（6）$\tan\left(-\frac{17\pi}{6}\right)$.

2．计算下列各式.

（1）$\sin 101\pi$；（2）$\cos 1000\pi$；

（3）$\sin\frac{35\pi}{6} + \cos\left(-\frac{11\pi}{3}\right)$.

3．求下列各式的值.

（1）$\sin 225°$；（2）$\sin 405°$；

（3）$\tan\frac{11\pi}{3}$；（4）$\cos\left(-\frac{7\pi}{6}\right)$.

习题 5.5

1．求下列各三角函数值.

（1）$\sin 750°$；（2）$\sin 900°$；

（3）$\cos\frac{22\pi}{3}$；（4）$\tan\left(-\frac{7\pi}{4}\right)$.

2．计算 $\frac{\cos(-45°)\cos 330°\tan 585°}{\tan(-120°)}$ 的值.

3．求下列各三角函数的值.

（1）$\sin\left(-\frac{43\pi}{6}\right)$；　　（2）$\cos\left(-\frac{83\pi}{6}\right)$；

（3）$\tan\left(-\frac{35\pi}{3}\right)$；　　（4）$\tan\left(-\frac{41\pi}{3}\right)$.

4．化简下列各式.

（1）$\frac{\cos(\alpha-\pi)\tan(\alpha-2\pi)\tan(2\pi-\alpha)}{\sin(\pi+\alpha)}$；

（2）$\frac{\sin(2\pi+\alpha)\tan(\pi+\alpha)\tan(\pi-\alpha)}{\cos(\pi+\alpha)\tan(3\pi-\alpha)}$.

5．设α为第一象限的角，且$\cos\alpha=\frac{5}{13}$，求$\frac{2\sin(\alpha-3\pi)-3\cos(-\alpha)}{4\sin(\alpha-5\pi)+9\cos(3\pi+\alpha)}$的值.

5.6　三角函数的图像和性质

5.6.1　正弦函数的图像和性质

我们取 $x=0$，$\frac{\pi}{4}$，$\frac{\pi}{2}$，$\frac{3\pi}{4}$，π，$\frac{5\pi}{4}$，$\frac{3\pi}{2}$，$\frac{7\pi}{4}$，2π，将其对应的函数列表如表 5-7 所示，作正弦函数$y=\sin x$在（0~2π）上的图像如图 5-19 所示.

表 5-7

x	0	$\frac{\pi}{4}$	$\frac{\pi}{2}$	$\frac{3\pi}{4}$	π	$\frac{5\pi}{4}$	$\frac{3\pi}{2}$	$\frac{7\pi}{4}$	2π
$y=\sin x$	0	0.71	1	0.71	0	−0.71	−1	−0.71	0

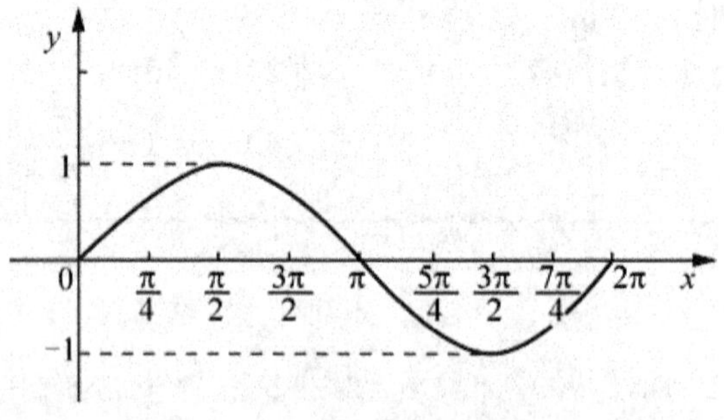

图 5-19

根据诱导公式，$\angle\alpha+2k\pi$的三角函数与$\angle\alpha$的对应三角函数完全相同，因此，我们依据图 5-19，在y轴两侧将$y=\sin x$在（0~2π）上的图像平移 2π 的整数倍个单位，就可以得到$y=\sin x$在$\mathbf{R}$上的三角函数图像，如图 5-20 所示.

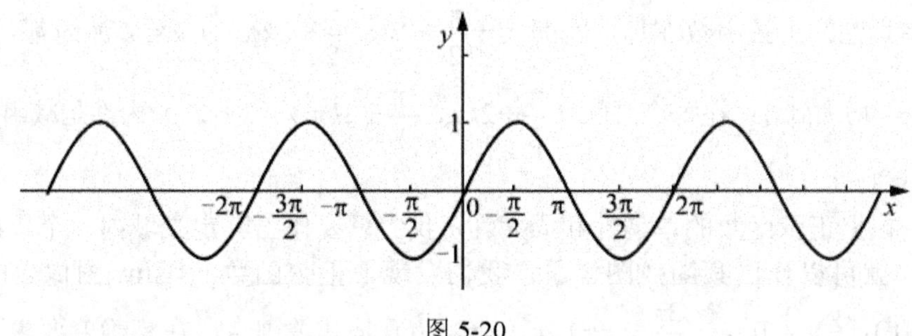

图 5-20

我们把图 5-20 的图形称为**正弦曲线**.

观察图 5-20 可以发现，正弦函数的图像是一条周期重复其运动规律的曲线. 这是因为其三角函数值的自变量取遍了（0~2π）内的所有值后，再取值就是（0~2π）内的某一个角加上 2π 的整数倍. 根据诱导公式，其函数值就开始重复了. 所以其图像的变化趋势也是重复出现的. 我们称这样的函数为**周期函数**.

一般地，对于函数 $y=f(x)$，如果存在一个不为零的常数 T，使得当 x 取定义域 D 内的每一个值时，都有 $x+T\in D$，且

$$f(x+T)=f(x),$$

那么，函数 $y=f(x)$ 称为**周期函数**，常数 T 称为这个函数的**周期**.

显然，正弦函数 $y=\sin x$ 的周期有多个，分别为 2π，4π，6π，…，-2π，-4π，-6π，…其中 2π 称为正弦函数的**最小正周期**.

一般地，对于一个函数 $y=f(x)$，如果在其所有的周期中存在一个最小的正周期，就称它为该函数的**最小正周期**.

从图 5-20 上我们还发现，正弦函数 $y=\sin x$ 的图像在直线 $y=1$ 和直线 $y=-1$ 之间，即正弦函数值

$$-1\leqslant \sin x\leqslant 1.$$

函数的这种性质称为**有界性**.

一般地，对于函数 $y=f(x)$ 在其定义域的某个区间 (a, b) 内有定义，若存在一个正数 M，使得对于任意的 $x\in(a,b)$，都有

$$|f(x)|\leqslant M,$$

则称函数 $y=f(x)$ 在区间 (a, b) 上是**有界函数**. 显然，正弦函数 $y=\sin x$ 是其定义域 **R** 上的有界函数.

根据以上的讨论总结正弦函数 $y=\sin x$ 的性质如下：

（1）定义域：**R**；

（2）值域：$[-1, 1]$；

（3）周期性：正弦函数是周期函数，周期为 $2k\pi$（$k\in\mathbf{Z}$），最小正周期为 2π；

（4）奇偶性：由诱导公式 $\sin(-x)=-\sin x$ 知，正弦函数 $y=\sin x$ 是奇函数；

（5）单调性：正弦函数在每个区间（$-\frac{\pi}{2}+2k\pi$，$\frac{\pi}{2}+2k\pi$）（$k\in\mathbf{Z}$）内都是增函数，函数值从-1增大到1；在每个区间（$\frac{\pi}{2}+2k\pi$，$\frac{3\pi}{2}+2k\pi$）（$k\in\mathbf{Z}$）内都是减函数，函数值从1减小到-1.

通常，根据正弦函数的单调性和周期性，我们只要作出其定义域内一个周期的部分函数图像，就可以作出其函数图像了．我们发现，正弦函数 $y=\sin x$ 图像上的点（0，0），（$\frac{\pi}{2}$，1），（π，0），（$\frac{3\pi}{2}$，-1），（2π，0）是其关键点，在精确度要求不高的前提下，只要描出这五个点，再用光滑曲线联结这五个点，就可以得到正弦函数 $y=\sin x$ 在（0~2π）上的图像，然后向左右平移2π的整数倍个单位，就可以得到它在定义域 **R** 上的图像了．这种方法称为**五点法**．五点法在作三角函数的图像中应用比较广泛．

【例 5.6.1】作函数 $y=1+\sin x$ 的图像．

解：函数 $y=1+\sin x$ 比函数 $y=\sin x$ 在每个 x 处的值大 1，选用“五点法”先作出函数在 $y=\sin x$ 在$[0,\ 2\pi]$上的图像，再向上平移 1 个单位就可以得到函数 $y=1+\sin x$ 在$[0,\ 2\pi]$上的图像，然后向左右平移2π的整数倍个单位就可得到$y=1+\sin x$的图像，如图 5-21 所示．

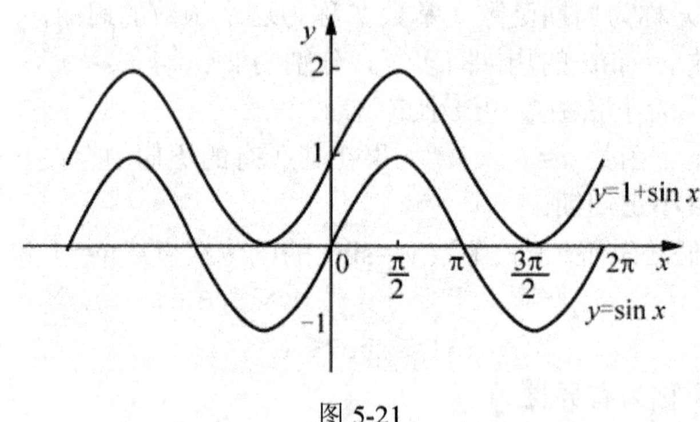

图 5-21

【例 5.6.2】已知 $\sin x=a-4$，求 a 的取值范围．

解：因为$|\sin x|\leqslant 1$，所以$|a-4|\leqslant 1$，即

$$-1\leqslant a-4\leqslant 1$$

解得

$$3\leqslant a\leqslant 5.$$

故 a 的取值范围是$[3,\ 5]$.

【例 5.6.3】求使函数 $y=5+\sin 2x$ 取得最大值和最小值的 x 的集合，并指出最大值是多少？

解：$y=5+\sin 2x$ 的最大值和最小值只与 $\sin 2x$ 有关，只要求出 $\sin 2x$ 的最大值和最小值加上 5 就是题目所要求的答案了．

（1）因为使 $y=\sin 2x$ 取得最大值 1 的 x 的集合是

$$\{2x \mid 2x=\frac{\pi}{2}+2k\pi,\ k\in \mathbf{Z}\},$$

即

$$x=\frac{\pi}{4}+k\pi \quad (k\in \mathbf{Z}).$$

所以，使 $y=5+\sin 2x$ 取得最大值的 x 的集合是$\{x \mid x=\frac{\pi}{4}+k\pi\ (k\in \mathbf{Z})\}$，最大值是 $5+1=6$.

（2）因为使 $y=\sin 2x$ 取得最小值 -1 的 x 的集合是

$$\{2x \mid 2x=-\frac{\pi}{2}+2k\pi,\ k\in \mathbf{Z}\},$$

即

$$x=-\frac{\pi}{4}+k\pi \quad (k\in \mathbf{Z}).$$

所以，使 $y=5+\sin 2x$ 取得最小值的 x 的集合是$\{x \mid x=-\frac{\pi}{4}+k\pi\ (k\in \mathbf{Z})\}$，最小值是 $5-1=4$.

课堂练习

1．求下列各函数的最大值和最小值及最小正周期.

（1）$y=3+\sin x$；　　　（2）$y=3-\sin x$.

2．利用“五点法”作函数 $y=-\sin x$ 在 $[0,\ 2\pi]$上的图像.

3．利用“五点法”作函数 $y=2\sin x$ 在 $[0,\ 2\pi]$上的图像.

4．已知 $\sin\alpha=3-a$，求 a 的取值范围.

5．求使函数 $y=\sin 4x$ 取得最大值和最小值的 x 的集合，并指出最大值和最小值各是多少？

5.6.2　余弦函数的图像和性质

我们可以采用与正弦函数相同的讨论方法作出余弦函数的图像，并进一步总结出其性质来．在$[0,\ 2\pi]$上取 x 的一些值及其对应的函数值，如表 5-8 所示.

表 5-8

x	0	$\frac{\pi}{4}$	$\frac{\pi}{2}$	$\frac{3\pi}{4}$	π	$\frac{5\pi}{4}$	$\frac{3\pi}{2}$	$\frac{7\pi}{4}$	2π
$y=\cos x$	1	0.71	0	−0.71	−1	−0.71	0	0.71	1

用描点法作 $y=\cos x$ 在$[0,\ 2\pi]$上图像，如图 5-22 所示.

根据余弦函数的定义及诱导公式我们知道，余弦函数也是以 2π 的整数倍为周期，以 1 为最大值，-1 为最小值的周期函数，其定义域为 $\mathbf{R}$.

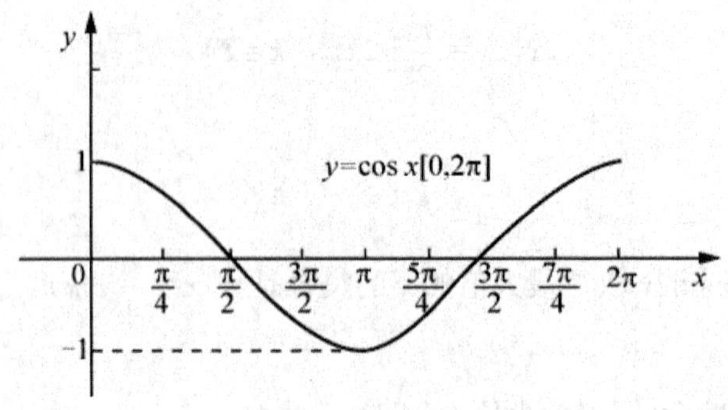

图 5-22

因此，将图 5-22 的图像左右分别平移 2π 的整数倍个单位，就会得到余弦函数在 **R** 上的图像，如图 5-23 所示.

观察图 5-23，得到余弦函数 $y=\cos x$ 的性质如下：

（1）定义域：**R**；

（2）值域：[−1，1]；

（3）周期性：余弦函数是周期函数，周期为 $2k\pi$（$k\in\mathbf{Z}$），最小正周期为 2π；

（4）奇偶性：由诱导公式 $\cos(-x)=\cos x$ 知，余弦函数 $y=\cos x$ 是偶函数；

（5）单调性：余弦函数在每一个区间（$(2k-1)\pi,2k\pi$）（$k\in\mathbf{Z}$）内都是增函数，函数值从−1 增大到 1；在每个区间 $[2k\pi,(2k+1)\pi]$（$k\in\mathbf{Z}$）内都是减函数，函数值从 1 减小到−1.

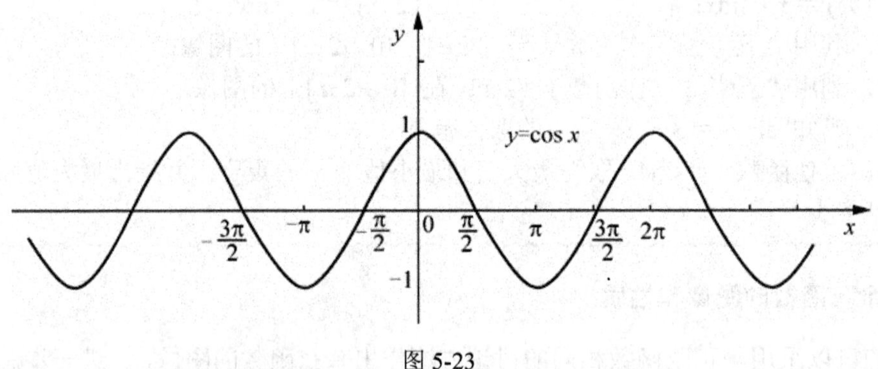

图 5-23

【例 5.6.4】用“五点法”作函数 $y=-\cos x$ 在[0，2π]上的图像.

解：对函数 $y=-\cos x$ 取五点并计算函数值，如表 5-9.

表 5-9

x	0	$\frac{\pi}{2}$	π	$\frac{3\pi}{2}$	2π
$y=\cos x$	1	0	−1	0	1
$y=-\cos x$	−1	0	1	0	−1

作函数 $y=-\cos x$ 在$[0，2\pi]$上的图像，如图 5-24 所示.

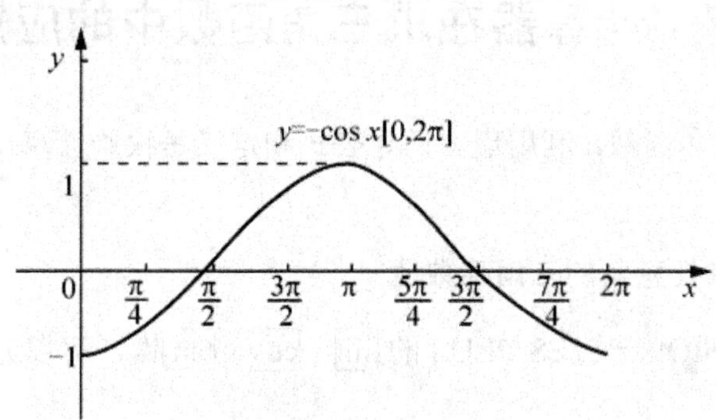

图 5-24

课堂练习

用“五点法”作函数 $y=1-\cos x$ 在$[0，2\pi]$上的图像.

习题 5.6

1．（1）指出在$[0，2\pi]$上，正弦函数 $y=\sin x$ 的增区间.

（2）指出在$[0，2\pi]$上，余弦函数 $y=\cos x$ 的增区间.

（3）指出在$[0，2\pi]$上，正弦函数 $y=\sin x$ 和余弦函数 $y=\cos x$ 同为增函数的区间.

2．已知 $\sin x=\dfrac{a-1}{2}$，求 a 的取值范围.

3．用“五点法”作以下函数的图像.

（1）$y=2+\sin x$；　　（2）$y=\cos x$.

4．求下列各函数的最大值和最小值，并求出自变量 x 的相应取值范围.

（1）$y=4-\dfrac{1}{3}\sin x$；　　（2）$y=2+3\cos x$.

5．求下列函数的定义域.

（1）$y=1-\dfrac{1}{\cos x}$；　　（2）$y=\sqrt{\sin 2x}$.

6．不查表，比较下列各对函数值的大小.

（1）$\cos 125^{\circ}$ 和 $\cos 156^{\circ}$；　　（2）$\sin\dfrac{15\pi}{8}$ 和 $\sin\dfrac{14\pi}{9}$.

5.7 计算器在求三角函数中的应用

对于一般角的三角函数，利用现有诱导公式和定义是很难计算出来其结果的，因此我们要借助计算器.

5.7.1 利用计算器求任意角的三角函数值

标准计算器 CASIOfx－82ES PLUS 的 sin 、 cos 、 tan 键，可以方便地计算任意角的三角函数值.

具体步骤是：

（1）根据计算器使用说明，设置模式（角度制或弧度制）；

（2）按 sin （或 cos 、 tan ）键；

（3）输入角的角度数或弧度数；

（4）按 = 键，显示结果.

【例 5.7.1】用计算器求下列各三角函数值（精确到 0.0001）.

（1）$\sin\left(-\frac{5\pi}{7}\right)$； （2）$\tan 227.6°$； （3）$\cos 27°22'11''$.

解：依次按照以上步骤计算得

（1）$\sin\left(-\frac{5\pi}{7}\right)\approx -0.7818$；

（2）$\tan 227.6°\approx 1.0951$；

（3）先将角度中的分和秒化成度，再根据以上步骤计算得

$$\cos 27°22'11''\approx 0.8881.$$

5.7.2 已知三角函数值求角

利用标准计算器 CASIOfx－82ES PLUS 的 sin 、 cos 、 tan 键和 SHIFT 键，可以求出 $-90°\sim90°$（或 $-\frac{\pi}{2}\sim\frac{\pi}{2}$）范围内的角，然后利用诱导公式可以求出任意的角. 具体步骤是：

（1）根据计算器使用说明，设置模式（角度制或弧度制）；

（2）按 SHIFT 键，使计算器处于角的计算状态；

（3）按 sin （或 cos 、 tan ）键；

（4）输入所要求的角的对应三角函数值；

（5）按 = 键，显示结果.

【例 5.7.2】已知 $\sin x=0.4$，使用计算器求满足条件的 $0°\sim360°$范围内的角 x（精确到 0.01°）.

解：利用计算器，按所学步骤，求得$-90°\sim90°$的角

$$x_1=23.58°$$

利用 $\sin(180°-\alpha)=\sin\alpha$ 得 $0°\sim360°$范围内满足条件的另一个钝角

$x_2=156.42°$.

所以，0°~360°范围内正弦值为 0.4 的角的度数是 23.58°和 156.42°.

课堂练习

1．利用计算器求下列各三角函数值（精确到 0.0001）.

（1）$\sin\frac{3\pi}{7}$；（2）tan432°26″；（3）$\cos\left(-\frac{3\pi}{5}\right)$；

（4）tan6.3；（5）cos527°；（6）sin900°.

2. 已知以下三角函数值，利用计算器求对应的0°~360°范围内的角（精确到0.01°）.

（1）$\sin x=0.2601$；（2）$\sin x=-0.4632$；

（3）$\cos x=0.2261$；（4）$\tan x=-0.4$.

习题 5.7

1．利用计算器求下列各三角函数值(精确到 0.0001）.

（1）$\sin\frac{3\pi}{4}$；（2）tan315°24″；（3）$\cos\left(-\frac{3\pi}{5}\right)$；

（4）tan2.4；（5）cos216°；（6）sin400°.

2．已知以下三角函数值，利用计算器求对应的 0°~360°范围内的角（精确到 0.01°）.

（1）$\sin x=-0.34$；（2）$\cos x=0.34$；（3）$\sin x=0.2261$；（4）$\tan x=2$.

复习题 5

1．填空.

（1）360°=____________rad；

（2）210°的正弦值=____________.

（3）设 $2\cos x=a$，那么 a 的取值范围是____________________.

（4）已知角 α 的终边上一点 P（−2，1），那么 $\sin\alpha=$____________，$\cos\alpha=$____________，$\tan\alpha=$____________.

2．选择题.

（1）设 r 为圆的半径，则弧长为 $\frac{3\pi}{4}r$ 的圆弧所对的圆心角为（　　）.

A．135°　　B．$\frac{135°}{\pi}$　　C．145°　　D．$\frac{145°}{\pi}$

（2）sin（−1230°）的值是（　　）.

A．$-\frac{1}{2}$　　B．$\pm\frac{\sqrt{3}}{2}$　　C．$\frac{\sqrt{3}}{2}$　　D．$-\frac{\sqrt{3}}{2}$

（3）下列命题正确的是（　　）.

A．第一象限的角都是锐角　　B．$\sqrt{1-\sin^2 140°}=\cos 140°$

C．若 $\tan\beta=1$，则 $\beta=\frac{\pi}{4}$　　D．$\sin\alpha-\cos\alpha=2.5$ 不可能成立

（4）正弦函数是（　　）.

A．奇函数　　B．偶函数　　C．非奇非偶函数　　D．无法判断

3．计算下列各式的值.

（1）$2\sin^2 225°-\cos 330°\times\tan 405°$；

（2）$\cos\frac{4\pi}{5}+\tan\frac{2\pi}{3}-2\sin\frac{5\pi}{4}$.

4．已知 $\tan\alpha=3$，求 $\sin\alpha$，$\cos\alpha$.

5．化简 $\frac{\sin(\alpha+\pi)\cdot\cos(\pi+\alpha)\cdot\cos(\alpha+2\pi)}{\tan(\pi+\alpha)\cdot\cos^3(-\alpha-\pi)}$.

6．利用计算器计算下列各式.

（1）$\sin 42°23'32''$；

（2）$\cos 6678°$；

（3）已知 $\sin x=0.7785$，求 $[0,\ 2\pi]$ 内的角 x.

（4）已知 $\cos x=0.7003$，求 0°~360°范围内的角 x（精确到 0.01°）.

7．电动机上的转子一秒钟内转动的圆心角为 $10\,000\pi$，问转子每分钟旋转多少周?

8．求下列函数的最大值和最小值.

（1）$y=\sin x+\sqrt{3}$；　　（2）$y=4-\frac{1}{3}\sin x$.

高　斯

卡尔·弗里德里希·高斯（Carl Friedrich Gauss，1777—1855 年），1777 年出生于德国不伦瑞克，德国著名的数学家、天文学家和物理学家. 高斯是近代数学奠基者之一，在历史上影响之大，可以和阿基米德、牛顿、欧拉并列，有“数学王子”之称. 高斯的成就遍及数学的各个领域，在数论、非欧几何、微分几何、超几何级数、复变函数论以及椭圆函数论等方面均有开创性贡献.

高斯幼时家境贫困，但聪敏异常，受到一个贵族资助才进学校接受教育. 高斯 1795 年进入格丁根大学学习，第二年他就发现正十七边形的尺规作图法，并给出可用尺规作出的正多边形的条件，解决了欧几里得以来悬而未决的问题. 1798 年高斯转入黑尔姆施泰特大学，第二年因证明代数基本定理获博士学位. 从 1807 年起他担任格丁根大学教授兼格丁根天文台台长. 高斯幼年时就表现出超人的数学天才，高斯 12 岁时，已经开始怀疑元素几何学中的基础证明. 他 16 岁时，就预测在欧氏几何之外必然会产生一门完全不同的几何学. 他推导出了二项式定理的

一般形式，将其成功的运用在无穷级数，并发展了数学分析的理论. 18 岁的高斯发现了质数分布定理和最小二乘法. 通过对足够多的测量数据的处理后，可以得到一个新的、概率性质的测量结果. 在这些基础之上，高斯随后专注于曲面与曲线的计算，并成功地推导出高斯钟形曲线（正态分布曲线），其函数被命名为标准正态分布（或高斯分布），并在概率计算中被大量使用. 在高斯 19 岁时，仅用没有刻度的尺子与圆规便构造出了正十七边形（阿基米德与牛顿均未构造出），并为流传了 2000 年的欧氏几何提供了自古希腊时代以来的第一次重要补充.

高斯发明了最小二乘法原理. 高斯的数论研究总结在《算术研究》（1801）中，这本书奠定了近代数论的基础，它不仅是数论方面的划时代之作，也是数学史上不可多得的经典著作之一. 高斯对代数的重要贡献是证明了代数基本定理，它的存在性证明开创了数学研究的新途径. 高斯在 1816 年左右就得到非欧几何的原理. 他还深入研究复变函数，建立了一些基本概念，发现了著名的柯西积分定理. 高斯发现了椭圆函数的双周期性，但这些工作在他生前都没发表出来. 1828 年高斯出版了《关于曲面的一般研究》一文，文中全面系统地阐述了空间曲面的微分几何学，并提出内蕴曲面理论. 高斯的曲面理论后来由黎曼发展.

高斯一生共发表 155 篇论文，他对待学问十分严谨，只发表他认为十分成熟的作品，他严谨的治学态度带出了像黎曼这样著名的数学家. 作为对高斯的敬重和纪念，高斯的肖像已经被印在 1989 年至 2001 年流通的 10 德国马克的纸币上. 爱因斯坦评论说：“高斯对于近代物理学的发展，尤其是对于相对论的数学基础所作的贡献（指曲面论），其重要性是超越一切、无与伦比的.”

第6章

数　列

本章导读

利用数列的相关知识计算一些数值的累加是非常方便的. 传说国际象棋的发明者就利用数列的理念给他的国王出了一道难题.

我们知道,在国际象棋的棋盘上有8行8列,构成64个格子. 传说国际象棋是印度人发明的, 当年印度国王要奖赏国际象棋的发明者, 就问他有什么要求, 发明者说:"请在棋盘的第1个格子里放上1颗麦子, 在第2个格子里放上2颗麦子, 在第3个格子里放上4颗麦子, 在第4个格子里放上8颗麦子, 依此类推, 每个格子里放的麦子颗数是前一个格子放的麦子颗数的2倍, 直到第64个格子. 请给我足够的粮食来实现这个愿望." 拥有巨大财富的国王觉得这并不是很难办到的事, 就一口答应了他的要求.

那么,国王有能力满足发明者的要求吗? 现在让我们来分析一下.

根据发明者的要求, 棋盘上每个格子里的麦粒数从第1格到第64格依次为

$$1,\ 2,\ 2^2,\ 2^3,\ \dots,\ 2^{63}$$

发明者要求的麦粒总数就是

$$1+2+2^2+2^3+\dots+2^{63}$$

那么, 麦粒总数等于多少呢? 学习了本章的知识, 我们就会很容易解决这个问题了.

6.1　数列的概念

我们先来看几组数：

（1）2，4，6，8，…

（2）1，$\frac{1}{2}$，$\frac{1}{3}$，$\frac{1}{4}$，…

（3）−1，1，−1，1，…

（4）2，2，2，2，…

（5）1，3，5，7，…

以上几组数都是按一定顺序和规律排列的，称为**数列**．

其中，数列中从第1个数开始，每一个数称为数列的项，依次称为第1项，第2项，…，第 n 项，…其一般形式可以写成 a_1，a_2，a_3，…，a_n，…a_n 是这个数列的第 n 项．整个数列可以记作$\{a_n\}$．如数列

$$1，\frac{1}{2}，\frac{1}{3}，\frac{1}{4}，\cdots$$

可记作

$$\left\{\frac{1}{n}\right\}.$$

如果一个数列的各项可以用其对应的项的序号表示出来，则称这个表达式为该数列的**通项公式**．如以上各个数列的通项公式依次为

（1）$a_n=2n$；

（2）$a_n=\frac{1}{n}$；

（3）$a_n=(-1)^n$；

（4）$a_n=2$；

（5）$a_n=2n-1$（$n\in\mathbf{N}^*$，$n\leqslant 4$）．

如果知道一个数列的通项公式，那么代入1，2，3，…，n 等，就可以求出对应的各项 a_1，a_2，a_3，…，a_n，…的值．由此，我们也可以称通项公式是数列的项数的函数，记作 $f(n)$．

项数有限的数列称为**有穷数列**或**有限数列**，项数无限的数列称为**无穷数列**或**无限数列**．如上述数列（1），（2），（3），（4）都是无穷数列，（5）是有穷数列．

【例6.1.1】根据通项公式，求出下列数列$\{a_n\}$的前5项．

（1）$a_n=\frac{n}{n+1}$；　　　　（2）$a_n=(-1)^n\cdot n$．

解：（1）由 $a_n=\frac{n}{n+1}$ 得

$$a_1=\frac{1}{1+1}=\frac{1}{2},$$

$$a_2=\frac{2}{2+1}=\frac{2}{3},$$

同理，
$$a_3=\frac{3}{4}，a_4=\frac{4}{5}，a_5=\frac{5}{6}.$$

（2）$a_n=(-1)^n\cdot n$，依次代入 $n=1，2，3，4，5$ 得到
$$a_1=-1，\quad a_2=2，\quad a_3=-3，\quad a_4=4，\quad a_5=-5.$$

【例 6.1.2】写出数列的一个通项公式，使它的前 4 项分别是下面各列数.

（1）1，3，5，7；

（2）$\frac{2^2-1}{2}，\frac{3^2-1}{3}，\frac{4^2-1}{4}，\frac{5^2-1}{5}$；

（3）$-\frac{1}{1\times2}，\frac{1}{2\times3}，-\frac{1}{3\times4}，\frac{1}{4\times5}$.

解：（1）数列的前 4 项 1，3，5，7 都是其对应项的序号的 2 倍减 1，所以它的一个通项公式为
$$a_n=2n-1;$$

（2）观察数列的前 4 项，各项的分母比其序号大 1，分子是分母的平方减 1，所以它的一个通项公式为
$$a_n=\frac{(n+1)^2-1}{n+1}=\frac{n^2+2n}{n+1};$$

（3）观察数列的前 4 项，各项的分子为 1，分母为其序号与序号加 1 得到的数的乘积，并且奇次项为负，偶次项为正. 由此我们得到数列的一个通项公式为
$$a_n=(-1)^n\frac{1}{n(n+1)}=\frac{(-1)^n}{n(n+1)}.$$

课堂练习

1．根据下列数列$\{a_n\}$的通项公式，写出其前 5 项.

（1）$a_n=n^3$；　　（2）$a_n=5\times(-1)^{n+1}$.

2．根据下列数列$\{a_n\}$的通项公式，写出它们的第 7 项和第 10 项.

（1）$a_n=\frac{1}{n^2}$；　　（2）$a_n=n(n+2)$；

（3）$a_n=\frac{(-1)^{n+1}}{n}$；　　（4）$a_n=-2^n+3$.

3．写出数列的一个通项公式，使它的前 4 项分别是以下各数.

（1）2，4，6，8；　　（2）$-\frac{1}{2}，\frac{1}{4}，-\frac{1}{8}，\frac{1}{16}$.

4．观察下列各数列的特点，用适当的数填空，并写出它们各自的通项公式.

（1）2，4，（　），8，10，（　），14；

（2）2，4，（　），16，32，（　），128；

（3）（　），4，9，16，25，（　），49.

5．写出下列各数列的前 5 项.

（1）$a_1=1，a_{n+1}=a_n+3$；　　（2）$a_1=2，a_{n+1}=2a_n$；

（3）$a_1=3，a_2=6，a_{n+2}=a_{n+1}-a_n$；　　（4）$a_1=1，a_{n+1}=a_n+\frac{1}{a_n}$.

习题 6.1

1．写出下列数列的一个通项公式，使它的前4项分别是下列各数．

（1）3，6，9，12；　　（2）0，-2，-4，-6；

（3）2，$\frac{3}{2}$，$\frac{4}{3}$，$\frac{5}{4}$；　　（4）$-\frac{1}{2\times1}$，$\frac{1}{2\times2}$，$-\frac{1}{2\times3}$，$\frac{1}{2\times4}$；

（5）1，$\frac{1}{4}$，$\frac{1}{9}$，$\frac{1}{16}$；　　（6）1，$-\sqrt[3]{2}$，$\sqrt[3]{3}$，$-\sqrt[3]{4}$．

2．已知无穷数列1×2，2×3，3×4，…，$n(n+1)$，…

（1）求这个数列的第10项、第31项及第48项；

（2）420是不是这个数列中的项，如果是，是第几项？

3．写出下列数列的前5项．

（1）$a_1=-\frac{1}{4}$，$a_n=1-\frac{1}{a_{n-1}}$（$n\geqslant2$）；

（2）$a_1=\frac{1}{2}$，$a_n=4a_{n-1}+1$（$n\geqslant2$）．

6.2　等差数列

6.2.1　等差数列的概念

考察以下数列：

（1）2，4，6，8，…

（2）1，3，5，7，…

（3）2，2，2，2，…

不难发现，以上数列都有一个共同的特点，即每个数列从它的第2项起，每一项与前一项的差是一个常数．我们把这样的数列称为等差数列．

一般地，如果一个数列从它的第2项起每一项与它的前一项的差都等于同一个常数，则这个数列称为**等差数列**，这个常数差称为等差数列的**公差**，通常用字母d表示．如以上数列（1），（2），（3）的公差依次为2，2，0．

公差为0的数列又称为**常数数列**．

如果一个数列a_1，a_2，a_3，…，a_n，…是等差数列，首项为a_1，公差为d，那么由等差数列的定义，可以知道

$a_2=a_1+d$;

$a_3=a_2+d=a_1+d+d=a_1+2d$;

$a_4=a_3+d=a_1+2d+d=a_1+3d$;

…

$a_n=a_1+(n-1)d$.

由此可知，如果已知一个等差数列的首项为 a_1，公差为 d，则它的通项公式可以表示为

$$a_n=a_1+(n-1)d$$

例如，一个等差数列的首项为 1，公差为 2，则它的通项公式为

$$\begin{aligned}a_n&=a_1+(n-1)d\\&=1+(n-1)2\\&=2n-1.\end{aligned}$$

【例 6.2.1】求等差数列 8，5，2，…的通项公式与第 20 项.

解：由题知，$a_1=8$，$d=5-8=-3$，由 $a_n=a_1+(n-1)d$ 得

$$\begin{aligned}a_n&=a_1+(n-1)d\\&=8+(n-1)\times(-3)\\&=-3n+11.\end{aligned}$$

所以 $$a_{20}=-3\times20+11=-49.$$

【例 6.2.2】等差数列 −5，−9，−13，…的第几项是 −401？

解：设第 n 项为 −401，由题知，$a_1=-5$，$d=-9-(-5)=-4$，则

$$\begin{aligned}a_n&=a_1+(n-1)d\\&=-5+(n-1)\times(-4)\\&=-4n-1\end{aligned}$$

即 $$-401=-4n-1$$

$$n=100.$$

所以，这个数列的第 100 项是 −401.

课堂练习

1．（1）求等差数列 3，7，11，…的第 4 项，第 7 项，第 10 项；

（2）求等差数列 10，8，6，…的第 20 项.

2．在等差数列 $\{a_n\}$ 中：

（1）$d=-\dfrac{1}{3}$，$a_7=8$，求 a_1；

（2）$a_1=12$，$a_6=27$，求 d.

3．求等差数列 2，9，16，…的第 $n+1$ 项.

6.2.2 等差数列的前 n 项和

已知等差数列 a_1，a_2，a_3，…，a_n. 它的前 n 项和记作 S_n，即

$$S_n=a_1+a_2+a_3+\cdots+a_n.$$

下面我们来推导等差数列前 n 项和的公式.

一般地，数列前 n 项的和根据加法交换率，可以由首项加到第 n 项，也可以由第 n

项加到第 1 项，即

$$S_n=a_1+(a_1+d)+(a_1+2d)+\cdots+[a_1+(n-1)d]$$

或

$$S_n=a_n+(a_n-d)+(a_n-2d)+\cdots+[a_n-(n-1)d]$$

将以上两式相加得

$$2S_n=n(a_1+a_n)$$

由此，得到等差数列前 n 项和的公式为

$$S_n=\frac{n(a_1+a_n)}{2}$$

因为 $a_n=a_1+(n-1)d$，代入上式得到等差数列前 n 项和的另一个公式

$$S_n=na_1+\frac{n(n-1)d}{2}$$

在以上两个公式中，各有 4 个变量，若知道其中的 3 个，代入公式就可以求出剩下的 1 个.

【例 6.2.3】如图 6-1 所示，某学校学生在操场做操，所有的学生站成的队列成 V 字型，第一排站一个人，自第二排起每一排都比前一排多站一个人，总共站了 120 排，问一共有多少学生在操场里做操？

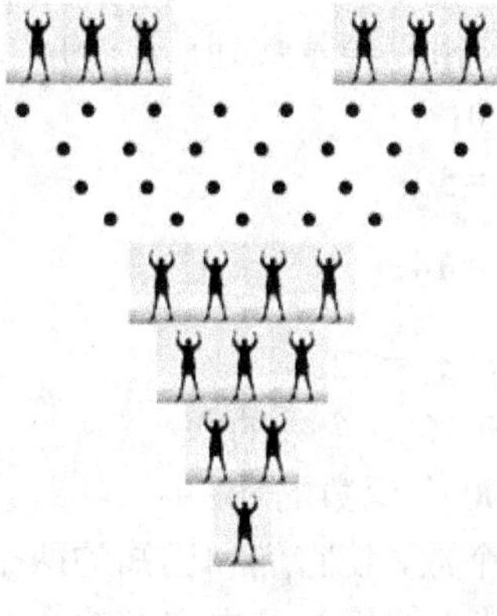

图 6-1

解：由题知，做操的学生一共站成 120 排，且自第一排至第 120 排的学生数形成一个等差数列，其中 $a_1=1$，$d=1$，$n=120$，代入

$$S_n=na_1+\frac{n(n-1)d}{2}$$

得

$$S_{120}=120\times1+\frac{120\times(120-1)\times1}{2}$$

$$=7260.$$

所以，一共有 7260 个学生在操场里做操.

【例 6.2.4】等差数列 -10，-6，-2，2，…的前几项和为 54？

解：由题知，等差数列中，$a_1=-10$，$d=-6-(-10)=4$，$S_n=54$，代入 $S_n=na_1$

$+\frac{n(n-1)d}{2}$

即 $$-10n+\frac{n(n-1)\times 4}{2}=54,$$

解得 $$n=9\text{（负值舍去）}.$$

所以，这个数列的前 9 项的和为 54．

【例 6.2.5】在小于 100 的正整数集合中，有多少个数是 7 的倍数？并求它们的和．

解：在小于 100 的正整数中，7 的倍数依次为 7，2×7，3×7，…，14×7．显然，这些数形成一个首项为 7，公差为 7 的等差数列，即 $a_1=7$，$d=7$，所以

$$n=14$$

$$S_{14}=\frac{n(a_1+a_n)}{2}=\frac{14(7+14\times7)}{2}=735.$$

所以，有 14 个数是 7 的倍数，它们的和是 735．

课堂练习

1．根据下列各题条件，求相应等差数列$\{a_n\}$的 S_n．

（1）$a_1=5$，$a_n=95$，$n=10$；

（2）$a_1=100$，$d=-2$，$n=50$；

（3）$a_1=\frac{2}{3}$，$a_n=-\frac{3}{2}$，$n=14$；

（4）$a_1=14.5$，$d=0.7$，$a_n=32$．

2．（1）求正整数数列中前 1000 个数的和；

（2）求正整数数列中前 500 个偶数的和．

3．在 7 和 35 之间插入 6 个数，使它们和已知的两个数成等差数列，求这 6 个数．

4．有多少个三位正整数是 6 的倍数，求它们的和．

5．一辆双层巴士一共有 60 个座位，空车出发，第一站上 1 位乘客，第二站上 2 位乘客，第三站上 3 位乘客，以后每一站都多上一位乘客，问第几站后车上座满乘客？

习题 6.2

1．在等差数列$\{a_n\}$中，

（1）已知 $a_1=2$，$d=3$，$n=10$，求 a_n；

（2）已知 $a_1=3$，$a_n=21$，$d=2$，求 n；

（3）已知 $a_1=12$，$a_6=27$，求 d；

（4）已知 $d=-\frac{1}{3}$，$a_7=8$，求 a_1.

2．在等差数列$\{a_n\}$中，

（1）$a_5=-1$，$a_8=2$，求 a_1 和 d;

（2）已知 $a_1+a_6=12$，$a_4=7$，求 a_9.

3．一种车床变速箱的 8 个齿轮的齿数成等差数列，其中首末两个齿轮的齿数分别是 24 与 45，求其余齿轮的齿数.

4．一个无穷等差数列的首项是 93，公差是−7；另一个无穷等差数列的首项是 17，公差是 12，这两个数列中存在序号及数值均相等的项吗？如果有，是第几项？

5．三个数成等差数列，它们的和是 18，它们的平方和等于 116，求这三个数.

6．根据下列各题中的条件，求相应的等差数列$\{a_n\}$的有关未知数.

（1）$a_1=20$，$a_n=54$，$S_n=999$，求 d 及 n;

（2）$d=\frac{1}{3}$，$n=37$，$S_n=629$，求 a_1 及 a_n;

（3）$a_1=\frac{5}{6}$，$d=-\frac{1}{6}$，$S_n=-5$，求 n 及 a_n;

（4）$d=2$，$n=15$，$a_n=-10$，求 a_1 及 S_n.

7．（1）设等差数列$\{a_n\}$的通项公式是 $3n-2$，求它的前 n 项和公式.

（2）设等差数列$\{a_n\}$的前 n 项和公式是 $S_n=5n^2+3n$，求它的前 3 项及通项公式.

8．在正整数集合中，有多少个三位数？求它们的和.

6.3　等比数列

6.3.1　等比数列的概念

根据数列的概念，前面在国际象棋棋盘各格子里的麦粒数形成一个数列$\{a_n\}$，它的各项依次为

$$1，2，4，8，\cdots，2^{63} \tag{1}$$

又如数列

$$5，25，125，625，\cdots \tag{2}$$

再如数列

$$1，-\frac{1}{2}，\frac{1}{4}，-\frac{1}{8}，\cdots \tag{3}$$

我们发现一个规律：这些数列都是从第 2 项起，每一项与它的前一项的比是一个常数，分别为 2，5，$-\frac{1}{2}$. 我们把这样的数列称为等比数列.

一般地，如果一个数列从第 2 项起，每一项与它的前一项的比是一个常数，则称这样的数列为**等比数列**. 这个常数称为该等比数列的**公比**，用字母 q 表示. 显然 $q\neq 0$.

由等比数列的定义可以知道，$\frac{a_2}{a_1}=q$，则

$$a_2=a_1q,$$
$$a_3=a_2q=(a_1q)q=a_1q^2,$$
$$a_4=a_3q=(a_1q^2)q=a_1q^3,$$
$$\cdots$$

由此得到等比数列的通项公式

$$a_n=a_1q^{n-1}$$

显然，$a_1\neq 0$，$q\neq 0$.

如以上数列的通项公式为

（1）的通项公式为 $a_n=a_1q^{n-1}=2^{n-1}$（$n\in \mathbf{N}^*$，$n\leqslant 64$）；

（2）的通项公式为 $a_n=5^n$；

（3）的通项公式为 $a_n=\left(-\frac{1}{2}\right)^{n-1}$.

【例 6.3.1】 培育水稻新品种，如果第一代得到 120 粒种子，并且从第一代起，由以后各代的每一粒种子都可以得到下一代的 120 粒种子，到第 5 代约可以得到这个新品种的种子多少粒（保留两位有效数字）？

解：由题知，每代种子数是它的前一代种子数 120 倍，由此推断，各代种子数构成一个等比数列，其中 $a_1=120$，$q=120$，$n=5$. 则由 $a_n=a_1q^{n-1}$ 得

$$\begin{aligned}a_5&=120\times 120^{5-1}\\&=120^5\\&\approx 2.5\times 10^{10}.\end{aligned}$$

所以，到第 5 代大约可以得到 2.5×10^{10} 个种子.

【例 6.3.2】 一个等比数列的第 3 项与第 4 项分别是 12 和 18，求它的第 1 项与第 2 项.

解：由题知

$$a_3=a_1q^2=12,$$
$$a_4=a_1q^3=18,$$

解得

$$q=\frac{3}{2},\ a_1=\frac{16}{3},$$

故

$$a_2=a_1q=\frac{16}{3}\times\frac{3}{2}=8.$$

所以，这个数列的第 1 项和第 2 项分别为 $\frac{16}{3}$ 和 8.

课堂练习

1．求下列等比数列的第4项和第8项.

（1）5，-15，45，…　　（2）1.2，2.4，4.8，…

（3）$\frac{2}{3}$，$\frac{1}{2}$，$\frac{3}{8}$，…　　（4）$\sqrt{2}$，1，$\frac{\sqrt{2}}{2}$，…

2．（1）一个等比数列的第9项是$\frac{4}{9}$，公比是$-\frac{1}{3}$，求它的第1项；

（2）一个等比数列的第2项是10，第3项是20，求它的第1项与第4项.

3．已知等比数列$\{a_n\}$中$a_2=2$，$a_5=54$，求q.

4．在8和200之间插入3个数，使这5个数成等比数列，求插入的3个数.

5．已知等比数列的$a_1=1$，$a_n=256$，公比$q=2$，求这个数列的项数.

6.3.2　等比数列的前n项和

根据等比数列的通项公式，等比数列的前n项和可以表示为

$$S_n=a_1+a_1q+a_1q+\cdots+a_1q^{n-1}. \tag{1}$$

现在我们来推导等比数列前n项和的公式．在以上式子两端同乘以q有

$$qS_n=a_1q+a_1q^2+a_1q^3+\cdots+a_1q^n \tag{2}$$

由式（2）减式（1）得到等比数列（$q\neq 1$）的前n项和公式为

$$S_n=\frac{a_1(1-q^n)}{1-q}$$

显然，当$q=1$时，数列为常数数列，$S_n=na_1$.

若知道数列的末项，以上求和公式由通项公式也可以写成

$$S_n=\frac{a_1-a_nq}{1-q}$$

显然，当已知一个等比数列的a_1，q，n时，用第1个公式就可以求出其前n项和；当知道a_1，q，a_n时用第2个公式就可以求出其前n项和；知道公式中任意3项，可以求出第4项.

【例6.3.3】求等比数列$\frac{1}{2}$，$\frac{1}{4}$，$\frac{1}{8}$，…前8项的和.

解：由题知

$$a_1=\frac{1}{2}，q=\frac{1}{2}，n=8.$$

由公式

$$S_n=\frac{a_1(1-q^n)}{1-q}$$

得

$$S_8=\frac{\frac{1}{2}\left[1-\left(\frac{1}{2}\right)^8\right]}{1-\frac{1}{2}}$$

$$=\frac{255}{256}.$$

课堂练习

1．根据下列各组条件，求相应的等比数列$\{a_n\}$的S_n.

（1）$a_1=3$，$q=2$，$n=6$；

（2）$a_1=2.4$，$q=-1.5$，$n=5$；

（3）$a_1=8$，$q=\frac{1}{2}$，$n=5$.

2．求等比数列 1，2，4，…从第 5 项到第 10 项的和.

3．已知等比数列$\{a_n\}$，$a_1=36$，$a_5=\frac{9}{4}$，求q和S_5.

4．已知等比数列$\{a_n\}$，$a_n=1296$，$q=6$，$S_n=1554$，求n和a_1.

知识点拓展

等差中项和等比中项

（1）在等差数列的学习中我们知道，对于一个等差数列$\{a_n\}$，根据其定义，$a_2=a_1+d$，同时$a_2=a_3-d$，从而

$$a_2=\frac{a_1+a_3}{2}.$$

同理，等差数列任意连续 3 项中，中间项是其前后两项的算术平均数，中间项也称为其前后两项的**等差中项**，记作$\boldsymbol{A}$．也就是说一个等差数列，从第 2 项起，每一项是它的前后两项的等差中项.

如数a，A，b形成等差数列，则A是a和b的等差中项，即

$$A=\frac{a+b}{2}.$$

事实上，很容易证明，在一个等差数列中，任意一项是其前后等距离的两项的等差中项.

（2）在等比数列中，根据定义，$a_2=a_1q$，同时$a_2=\frac{a_3}{q}$，从而

$$a_2^2=a_1a_3,$$

即

$$a_2=\pm\sqrt{a_1a_3}.$$

同理，等比数列任意连续 3 项中，中间一项的平方都是其前后两项的乘积．我

知识点拓展

们称中间项是其前后两项的**等比中项**，记作 G.

如 a，G，b 形成等比数列，则

$$G^2=ab,$$

或

$$G=\pm\sqrt{ab}.$$

也就是说一个等比数列，从第 2 项起，每一项都是它的前后两项的等比中项.

（3）在一个等比数列中，任意一项是否是其前后等距离的两项的等比中项呢？如果是，怎样证明呢？

习题 6.3

1．在等比数列中$\{a_n\}$中，

（1）$a_1=4$，$q=3$，求 a_5；

（2）$a_5=4$，$a_7=6$，求 a_9；

（3）$a_2=10$，$a_3=20$，求 a_1 和 a_4.

2．在等比数列中，

（1）已知 $a_1=-1.5$，$a_4=96$，求 q 和 S_4；

（2）已知 $a_1=2$，$S_3=26$，求 q 和 a_3.

3．等比数列中，$S_3=\dfrac{9}{2}$，$S_6=\dfrac{14}{3}$，求 a_1 和 q.

4．某工厂去年的产值是 138 万元，计划在今后 5 年内每年比上一年产值增长 10%，这 5 年的总产值是多少（精确到万元）？

5．一只球从 100m 高处自由落下，每次着地后又跳回到原高度的一半再落下. 当它第 10 次着地时，经过的路程共是多少（精确到 1m）？

6.4　数列的应用

在科学研究、生产经营和现实生活中利用等差数列或等比数列计算数值是非常广泛的，现举例如下.

【例 6.4.1】某停车场停放的车辆如图 6-2 所示，试计算这个停车场一共停放了多少辆车？

图 6-2

解：由图 6-2 知，停放的车辆自上而下形成一个等差数列，且 $a_1=4$，$a_7=10$，$n=7$，代入等差数列前 n 项和的公式有

$$\begin{aligned}S_7&=\frac{7(a_1+a_7)}{2}\\&=\frac{7(4+10)}{2}\\&=49.\end{aligned}$$

所以，这个停车场一共停放了 49 辆车．

【例 6.4.2】某种电子产品自投放市场以来，共经过 3 次降价，单价由原来的 174 元降到 58 元，这种产品平均每次降价的百分率是多少？

解：设平均每次降价的百分率是 x，则每次降价后的单价是降价前的 $1-x$ 倍，这样，原单价与三次降价后的单价依次排列，形成一个等比数列，且 $a_1=174$，$a_4=58$，$n=4$，$q=1-x$．

由等比数列 $a_n=a_1q^{n-1}$ 得

$$174(1-x)^{4-1}=58,$$

解得

$$x\approx31\%.$$

所以，这种产品平均每次降价的百分率是 31%．

【例 6.4.3】一对夫妇为了给独生孩子支付将来上大学的费用，从婴儿出生开始，每年都在银行存一笔钱．假设将来孩子上大学的费用是 10 万元，银行年利息率为 2.25%，按复利计算，为使孩子到 18 岁上大学时，本利和共有 10 万元，问这对夫妇每年应在银行存多少钱？

解：设这对夫妇每年存入银行 x 元，则

1 年后本利和为 $x(1+2.25\%)$；

2 年后本利和为

$$\begin{aligned}&x(1+2.25\%)+x(1+2.25\%)(1+2.25\%)\\&=x(1+2.25\%)+x(1+2.25\%)^2;\end{aligned}$$

3 年后本利和为

$$x(1+2.25\%)+x(1+2.25\%)^2+x(1+2.25\%)^3;$$

……

从孩子出生到17岁共存了18次，即孩子17岁时存款的本利和为

$$x(1+2.25\%)+x(1+2.25\%)^2+x(1+2.25\%)^3+\cdots+x(1+2.25\%)^{18}.$$

依题意有

$$x(1+2.25\%)+x(1+2.25\%)^2+x(1+2.25\%)^3+\cdots+x(1+2.25\%)^{18}=100\,000$$

显然，式中各项形成一个等比数列，首项 $a_1=1.0225x$，公比 $q=1.0225$. 代入等比数列前 n 项和公式有

$$\frac{1.0225x(1-1.0225^{18})}{1-1.0225}=100\,000,$$

解得

$$x\approx 4467\text{（元）}.$$

所以，这对夫妇每年应存入银行4467元.

课堂练习

某同学买一台5000元的电脑，准备利用商家提出的分期付款方式，商家提出一年内分3次，6次，12次付款三种方案. 如果商家在分期付款方式中按复利计算利息，每次付款本金数相同，月利息率为0.8%. 则

（1）请计算3种方案中每次付款额；

（2）请根据你的经济状况决定哪种方案更适合你.

习题 6.4

1．某林厂计划第一年造林 15hm^2（公顷），以后每年比前一年多造林20%，第5年共造林多少 hm^2？

2．一个多边形的周长等于158cm，所有边的长成等差数列，最大的边长等于44cm，公差等于3cm，求多边形的边数.

3．一个屋顶的某一斜面成等腰梯形，最上面一层铺了21块瓦片，往下每一层多铺1块，斜面上铺了19层，问共用多少块瓦片？

4．一个工厂今年生产某种机器1080台，计划到后年，把产量提高到1920台，如果每年比上一年增长的百分率相同，问这个百分率应是多少？

复习题 6

1．数列0，0，0，…，0，…是等比数列、等差数列还是两者都不是？

2．写出数列的一个通项公式，使它的前 4 项分别是下列各数．

（1）$1+\frac{1}{2^2}$，$1-\frac{3}{4^2}$，$1+\frac{5}{6^2}$，$1-\frac{7}{8^2}$；

（2）0，$\sqrt{2}$，0，$\sqrt{2}$．

3．已知数列$\{a_n\}$的第 1 项是 1，第 2 项是 2，以后各项由公式 $a_n=a_{n-2}-a_{n-1}$ 给出，写出这个数列的前 10 项．

4．已知等差数列$\{a_n\}$的第 1 项是 5．6，第 6 项是 20．6．求它的第 4 项．

5．求下列各数列的等差中项．

（1）647 与 895；（2）-180 与 360．

6．正整数集合中有多少个 3 位数，求它们的和．

7．求等差数列 10，7，4,…，-47 的和．

8．在等比数列中$\{a_n\}$中．

（1）$a_4=27$，$q=-3$，求 a_7；

（2）$a_2=18$，$a_4=8$，求 a_1 与 q．

9．求下列各组数的等比中项．

（1）45 与 80；（2）$7+3\sqrt{5}$ 与 $7-3\sqrt{5}$．

10．在 9 和 243 之间插入 2 个数，使这 4 个数成等比数列，求插入的 2 个数．

11．求下列各数列的前 n 项和．

（1）$a-1$，a^2-2，a^3-3，…，a^n-n，…

（2）$x+\frac{1}{y}$，$x^2+\frac{1}{y^2}$，$x^3+\frac{1}{y^3}$，…，$x^n+\frac{1}{y^n}$，…

12．三个数成等比数列，它们的和等于 14，积等于 64，求这三个数．

13．解方程 $\lg x+\lg x^2+\cdots+\lg x^n=n^2+n$．

14．请解决本章开头所提出的问题，国王能满足发明者的愿望吗？为什么？

15．某城市为了更好地服务于民生，决定建设保障性住房．该市现有住房总面积为 $a\ \text{m}^2$，其中需要拆除的危房、旧房面积占了一半．有关部门决定每年拆除一定数量的旧危房，但仍以现有住房 10%的增长率建设新住房．问：

（1）如果 10 年后该市的住房总面积正好比现在翻一番，那么每年应拆除的危房、旧房总面积是多少？

（2）10 年后还未拆除的危房、旧房总面积占当时住房面积的百分比是多少？

16．一个剧场设置了 20 排座位，第 1 排有 38 个座位，往后每一排都比前一排多 2 个座位，这个剧场一共设置了多少个座位？

数学家故事

笛　卡　儿

勒内·笛卡儿（Rene Descartes，1596—1650年），1596年出生于法国都兰省的笛卡尔市（原名图来纳市，因笛卡儿得名），法国著名的数学家、物理学家和哲学家，解析几何的创始人，西方近代哲学的奠基人之一．他对现代数学的发展作出了重要的贡献，因将几何坐标体系公式化而被称为解析几何之父．笛卡儿是最早使用指数符号的数学家（1637年）． 他还是西方现代哲学思想的奠基人，是近代唯物论的开拓者，提出了“普遍怀疑”的主张．他的哲学思想深深影响了之后的几代欧洲人，开拓了所谓的“欧陆理性主义”哲学．

笛卡儿出生在一个贵族家庭，1606年，10岁的笛卡儿被父亲送到欧洲最有名的贵族学校——耶稣会的拉弗莱什学校上学，1612年在普依托大学学习法律与医学，1616年获得博士学位．从1616年到1622年，笛卡儿曾在三个军队中（荷兰、巴伐利亚和匈牙利）短期服役．长期的军旅生活使笛卡儿感到疲惫，他于1621年回国，时逢法国内乱，于是他去荷兰、瑞士、意大利等地旅行．1625年笛卡儿返回巴黎，三年后又移居荷兰．笛卡儿对哲学、数学、天文学、物理学、化学和生理学等领域进行了深入的研究，并通过数学家梅森神父与欧洲主要学者保持密切联系．他的主要著作几乎都是在荷兰完成的．他先后发表了许多在数学和哲学上有重大影响的论著．1628年，笛卡儿写出了《指导哲理之原则》，1634年完成了以尼古拉-哥白尼学说为基础的《论世界》．书中总结了他在哲学、数学和许多自然科学问题上的一些看法．1637年，他用法文写成三篇论文《折光学》、《气象学》和《几何学》，并为此写了一篇序言《科学中正确运用理性和追求真理的方法论》，哲学史上简称为《方法论》．笛卡儿于1641年出版了《形而上学的沉思》，于1644年出版了《哲学原理》等重要著作．

笛卡儿最杰出的成就是在数学发展上创立了解析几何学．在笛卡儿生活的时代，代数还是一个比较新的学科，几何学的思维还在数学家的头脑中占有统治地位．笛卡儿致力于将代数和几何联系起来的研究，1637年，他在创立了坐标系后，成功地创立了解析几何学．他的这一成就为微积分的创立奠定了基础．解析几何直到现在仍是重要的数学方法之一．笛卡儿不仅提出了解析几何学的主要思想方法，还指明了其发展方向．他在《几何学》中，将逻辑、几何、代数方法结合起来，通过讨论作图问题，勾勒出解析几何的新方法，从此，数和形就走到了一起，数轴是数和形的第一次接触．解析几何的创立是数学史上一次划时代的转折，而平面直角坐标系的建立正是解析几何得以创立的基础．直角坐标系的创建，在代数和几何上架起了一座桥梁，它使几何概念可以用代数形式来表示．

笛卡儿是一位勇于探索的科学家，在多个学科领域都有独到的见解，特别是在数学上他创立了解析几何，打开了近代数学的大门，在科学史上具有划时代的意义．

附　　录

附录1　常用数学公式

1. 绝对值运算

$$|a|=\begin{cases}a & a>0,\\ 0 & a=0,\\ -a & a<0.\end{cases}$$

2. 一元二次方程 $ax^2+bx+c=0$ 的解

$$x=\frac{-b\pm\sqrt{b^2-4ac}}{2a}\quad (b^2-4ac\geqslant 0);$$

$$x_1+x_2=-\frac{b}{a};$$

$$x_1\cdot x_2=\frac{c}{a}.$$

3. 乘法和因式分解

$$(a\pm b)^2=a^2\pm 2ab+b^2;$$
$$(a\pm b)^3=a^3\pm 3a^2b+3ab^2\pm b^3;$$
$$a^2-b^2=(a+b)(a-b);$$
$$a^3\pm b^3=(a\pm b)(a^2\pm ab+b^2).$$

4. 指数

（1）$a^0=1$；　　（2）$a^{-m}=\frac{1}{a^m}$；

（3）$a^m\cdot a^n=a^{m+n}$；　　（4）$\frac{a^m}{a^n}=a^{m-n}$；

（5）$(a^m)^n=a^{mn}$；　　（6）$a^{\frac{m}{n}}=\sqrt[n]{a^m}=(\sqrt[n]{a})^m$

其中 a、b 为正实数，m、n 为任意数.

5. 对数

（1）$\log_a 1=0$；　（2）$\log_a a=1$；　（3）$a^{\log_a x}=x$；

（4）$\log_a x=\dfrac{\log_b x}{\log_b a}$（$b>0$，$b\neq 1$）；　（5）$\log_a x\cdot y=\log_a x+\log_a y$；

（6）$\log_a \dfrac{x}{y}=\log_a x-\log_a y$；　（7）$\log_a x^a=a\log_a x$（$a>0$，$a\neq 1$.

6. 三角函数基本公式

（1）$\sin^2 a+\cos^2 a=1$；　（2）$1+\tan^2 a=\sec^2 a$；

（3）$1+\cot^2 a=\csc^2 a$；　（4）$\dfrac{\sin a}{\cos a}=\tan a$；

（5）$\dfrac{\cos a}{\sin a}=\cot a$；　（6）$\cot a=\dfrac{1}{\tan a}$；

（7）$\csc a=\dfrac{1}{\sin a}$；　（8）$\sec a=\dfrac{1}{\cos a}$

7. 度与弧度

$1°=\dfrac{\pi}{180}(\text{rad})$; $1(\text{rad})=\left(\dfrac{180}{\pi}\right)^{\circ}$；　$30°=\dfrac{\pi}{6}$;　$45°=\dfrac{\pi}{4}$;　$60°=\dfrac{\pi}{6}$;　$90°=\dfrac{\pi}{2}$.

8. 特殊角的三角函数值

α	$\sin\alpha$	$\cos\alpha$	$\tan\alpha$	$\cot\alpha$	$\sec\alpha$	$\text{cec}\alpha$
0	0	1	0	∞	1	∞
$\frac{\pi}{6}$	$\frac{1}{2}$	$\frac{\sqrt{3}}{2}$	$\frac{\sqrt{3}}{3}$	$\sqrt{3}$	$\frac{2}{3}\sqrt{3}$	2
$\frac{\pi}{4}$	$\frac{\sqrt{2}}{2}$	$\frac{\sqrt{2}}{2}$	1	1	$\sqrt{2}$	$\sqrt{2}$
$\frac{\pi}{3}$	$\frac{\sqrt{3}}{2}$	$\frac{1}{2}$	$\sqrt{3}$	$\frac{\sqrt{3}}{3}$	2	$\frac{2}{3}\sqrt{3}$
$\frac{\pi}{2}$	1	0	∞	0	∞	1
π	0	−1	0	∞	−1	∞
$\frac{3\pi}{2}$	−1	0	∞	0	∞	−1
2π	0	1	0	∞	1	∞

附录 2　常用计量单位换算

1. 长度单位换算

1 公里＝1000 米　　1 米＝10 分米　　1 分米＝10 厘米　　1 米＝100 厘米
1 厘米＝10 毫米　　1 毫米＝1000 微米　　1 微米＝1000 纳米
1 海里＝1.15 英里＝1.852 千米　　1 英里＝1.609 千米　　1 英寸＝2.54 厘米
1 码＝3 英尺＝0.9144 米　　1 米＝3 尺　1 光年＝ 9.4608 万亿千米

2. 面积单位换算

1 平方公里＝100 公顷　　1 公顷＝15 亩　　1 亩＝666.7 平方米
1 公顷＝10000 平方米　　1 平方米＝1550 平方英寸

3. 体积（容积）单位换算

1 立方米＝1000 立方分米　　1 立方分米＝1 升　　1 立方厘米＝1 毫升
1 立方米＝6.29 桶（美制）　1 桶＝42 加仑（美制）

4. 重量单位换算

1 吨＝1000 千克　　1 公斤＝1000 克　　1 克＝1000 毫克
1 公斤＝2 市斤　　1 市斤＝10 两　　1 两＝10 钱
1 公斤＝2.2 英磅＝35.3 盎司　1 盎司＝28.35 克　1 克拉（钻石）＝0.2 克

附录 3　常用对数表

log	0	1	2	3	4	5	6	7	8	9	表尾差								
											1	2	3	4	5	6	7	8	9
10	0000	0043	0086	0128	0170	0212	0253	0294	0334	0374	4	8	12	17	21	25	29	33	37
11	0414	0453	0492	0531	0569	0607	0645	0682	0719	0755	4	8	11	15	19	23	26	30	34
12	0792	0828	0864	0899	0934	0969	1004	1038	1072	1106	3	7	10	14	17	21	24	28	31
13	1139	1173	1206	1239	1271	1303	1335	1367	1399	1430	3	6	10	13	16	19	22	26	29
14	1461	1492	1523	1553	1584	1614	1644	1673	1703	1732	3	6	9	12	15	18	21	24	27
15	1761	1790	1818	1847	1875	1903	1931	1959	1987	2014	3	6	8	11	14	17	20	22	25
16	2041	2068	2095	2122	2148	2175	2201	2227	2253	2279	3	5	8	11	13	16	18	21	24
17	2304	2330	2355	2380	2405	2430	2455	2480	2504	2529	2	5	7	10	12	15	17	20	22
18	2553	2577	2601	2625	2648	2672	2695	2718	2742	2765	2	5	7	9	12	14	16	19	21

续表

log	0	1	2	3	4	5	6	7	8	9	表尾差								
											1	2	3	4	5	6	7	8	9
19	2788	2810	2833	2856	2878	2900	2923	2945	2967	2989	2	4	7	9	11	13	16	18	20
20	3010	3032	3054	3075	3096	3118	3139	3160	3181	3201	2	4	6	8	11	13	15	17	19
21	3222	3243	3263	3284	3304	3324	3345	3365	3385	3404	2	4	6	8	10	12	14	16	18
22	3424	3444	3464	3483	3502	3522	3541	3560	3579	3598	2	4	6	8	10	12	13	15	17
23	3617	3636	3655	3674	3692	3711	3729	3747	3766	3784	2	4	6	7	9	11	13	15	17
24	3802	3820	3838	3856	3874	3892	3909	3927	3945	3962	2	4	5	7	9	11	12	14	16
25	3979	3997	4014	4031	4048	4065	4082	4099	4116	4133	2	3	5	7	9	10	12	14	15
26	4150	4166	4183	4200	4216	4232	4249	4265	4281	4298	2	3	5	7	8	10	11	13	15
27	4314	4330	4346	4362	4378	4393	4409	4425	4440	4456	2	3	5	6	8	9	11	13	14
28	4472	4487	4502	4518	4533	4548	4564	4579	4594	4609	2	3	5	6	8	9	11	12	14
29	4624	4639	4654	4669	4683	4698	4713	4728	4742	4757	1	3	4	6	7	9	10	12	13
30	4771	4786	4800	4814	4829	4843	4857	4871	4886	4900	1	3	4	6	7	9	10	11	13
31	4914	4928	4942	4955	4969	4983	4997	5011	5024	5038	1	3	4	6	7	8	10	11	12
32	5051	5065	5079	5092	5105	5119	5132	5145	5159	5172	1	3	4	5	7	8	9	11	12
33	5185	5198	5211	5224	5237	5250	5263	5276	5289	5302	1	3	4	5	6	8	9	10	12
34	5315	5328	5340	5353	5366	5378	5391	5403	5416	5428	1	3	4	5	6	8	9	10	11
35	5441	5453	5465	5478	5490	5502	5514	5527	5539	5551	1	2	4	5	6	7	9	10	11
36	5563	5575	5587	5599	5611	5623	5635	5647	5658	5670	1	2	4	5	6	7	8	10	11
37	5682	5694	5705	5717	5729	5740	5752	5763	5775	5786	1	2	3	5	6	7	8	9	10
38	5798	5809	5821	5832	5843	5855	5866	5877	5888	5899	1	2	3	5	6	7	8	9	10
39	5911	5922	5933	5944	5955	5966	5977	5988	5999	6010	1	2	3	4	5	7	8	9	10
40	6021	6031	6042	6053	6064	6075	6085	6096	6107	6117	1	2	3	4	5	6	7	9	10
41	6128	6138	6149	6160	6170	6180	6191	6201	6212	6222	1	2	3	4	5	6	7	8	9
42	6232	6243	6253	6263	6274	6284	6294	6304	6314	6325	1	2	3	4	5	6	7	8	9
43	6335	6345	6355	6365	6375	6385	6395	6405	6415	6425	1	2	3	4	5	6	7	8	9
44	6435	6444	6454	6464	6474	6484	6493	6503	6513	6522	1	2	3	4	5	6	7	8	9
45	6532	6542	6551	6561	6571	6580	6590	6599	6609	6618	1	2	3	4	5	6	7	8	9
46	6628	6637	6646	6656	6665	6675	6684	6693	6702	6712	1	2	3	4	5	6	7	7	8
47	6721	6730	6739	6749	6758	6767	6776	6785	6794	6803	1	2	3	4	5	5	6	7	8
48	6812	6821	6830	6839	6848	6857	6866	6875	6884	6893	1	2	3	4	4	5	6	7	8
49	6902	6911	6920	6928	6937	6946	6955	6964	6972	6981	1	2	3	4	4	5	6	7	8
50	6990	6998	7007	7016	7024	7033	7042	7050	7059	7067	1	2	3	3	4	5	6	7	8
51	7076	7084	7093	7101	7110	7118	7126	7135	7143	7152	1	2	3	3	4	5	6	7	8

续表

log	0	1	2	3	4	5	6	7	8	9	表尾差								
											1	2	3	4	5	6	7	8	9
52	7160	7168	7177	7185	7193	7202	7210	7218	7226	7235	1	2	2	3	4	5	6	7	7
53	7243	7251	7259	7267	7275	7284	7292	7300	7308	7316	1	2	2	3	4	5	6	6	7
54	7324	7332	7340	7348	7356	7364	7372	7380	7388	7396	1	2	2	3	4	5	6	6	7
55	7404	7412	7419	7427	7435	7443	7451	7459	7466	7474	1	2	2	3	4	5	5	6	7
56	7482	7490	7497	7505	7513	7520	7528	7536	7543	7551	1	2	2	3	4	5	5	6	7
57	7559	7566	7574	7582	7589	7597	7604	7612	7619	7627	1	2	2	3	4	5	5	6	7
58	7634	7642	7649	7657	7664	7672	7679	7686	7694	7701	1	1	2	3	4	4	5	6	7
59	7709	7716	7723	7731	7738	7745	7752	7760	7767	7774	1	1	2	3	4	4	5	6	7
60	7782	7789	7796	7803	7810	7818	7825	7832	7839	7846	1	1	2	3	4	4	5	6	6
61	7853	7860	7868	7875	7882	7889	7896	7903	7910	7917	1	1	2	3	4	4	5	6	6
62	7924	7931	7938	7945	7952	7959	7966	7973	7980	7987	1	1	2	3	3	4	5	6	6
63	7993	8000	8007	8014	8021	8028	8035	8041	8048	8055	1	1	2	3	3	4	5	5	6
64	8062	8069	8075	8082	8089	8096	8102	8109	8116	8122	1	1	2	3	3	4	5	5	6
65	8129	8136	8142	8149	8156	8162	8169	8176	8182	8189	1	1	2	3	3	4	5	5	6
66	8195	8202	8209	8215	8222	8228	8235	8241	8248	8254	1	1	2	3	3	4	5	5	6
67	8261	8267	8274	8280	8287	8293	8299	8306	8312	8319	1	1	2	3	3	4	5	5	6
68	8325	8331	8338	8344	8351	8357	8363	8370	8376	8382	1	1	2	3	3	4	4	5	6
69	8388	8395	8401	8407	8414	8420	8426	8432	8439	8445	1	1	2	2	3	4	4	5	6
70	8451	8457	8463	8470	8476	8482	8488	8494	8500	8506	1	1	2	2	3	4	4	5	6
71	8513	8519	8525	8531	8537	8543	8549	8555	8561	8567	1	1	2	2	3	4	4	5	5
72	8573	8579	8585	8591	8597	8603	8609	8615	8621	8627	1	1	2	2	3	4	4	5	5
73	8633	8639	8645	8651	8657	8663	8669	8675	8681	8686	1	1	2	2	3	4	4	5	5
74	8692	8698	8704	8710	8716	8722	8727	8733	8739	8745	1	1	2	2	3	3	4	5	5
75	8751	8756	8762	8768	8774	8779	8785	8791	8797	8802	1	1	2	2	3	3	4	5	5
76	8808	8814	8820	8825	8831	8837	8842	8848	8854	8859	1	1	2	2	3	3	4	5	5
77	8865	8871	8876	8882	8887	8893	8899	8904	8910	8915	1	1	2	2	3	3	4	4	5
78	8921	8927	8932	8938	8943	8949	8954	8960	8965	8971	1	1	2	2	3	3	4	4	5
79	8976	8982	8987	8993	8998	9004	9009	9015	9020	9025	1	1	2	2	3	3	4	4	5
80	9031	9036	9042	9047	9053	9058	9063	9069	9074	9079	1	1	2	2	3	3	4	4	5
81	9085	9090	9096	9101	9106	9112	9117	9122	9128	9133	1	1	2	2	3	3	4	4	5
82	9138	9143	9149	9154	9159	9165	9170	9175	9180	9186	1	1	2	2	3	3	4	4	5
83	9191	9196	9201	9206	9212	9217	9222	9227	9232	9238	1	1	2	2	3	3	4	4	5
84	9243	9248	9253	9258	9263	9269	9274	9279	9284	9289	1	1	2	2	3	3	4	4	5

续表

log	0	1	2	3	4	5	6	7	8	9	表尾差 1	2	3	4	5	6	7	8	9
85	9294	9299	9304	9309	9315	9320	9325	9330	9335	9340	1	1	2	2	3	3	4	4	5
86	9345	9350	9355	9360	9365	9370	9375	9380	9385	9390	1	1	2	2	3	3	4	4	5
87	9395	9400	9405	9410	9415	9420	9425	9430	9435	9440	0	1	1	2	2	3	3	4	4
88	9445	9450	9455	9460	9465	9469	9474	9479	9484	9489	0	1	1	2	2	3	3	4	4
89	9494	9499	9504	9509	9513	9518	9523	9528	9533	9538	0	1	1	2	2	3	3	4	4
90	9542	9547	9552	9557	9562	9566	9571	9576	9581	9586	0	1	1	2	2	3	3	4	4
91	9590	9595	9600	9605	9609	9614	9619	9624	9628	9633	0	1	1	2	2	3	3	4	4
92	9638	9643	9647	9652	9657	9661	9666	9671	9675	9680	0	1	1	2	2	3	3	4	4
93	9685	9689	9694	9699	9703	9708	9713	9717	9722	9727	0	1	1	2	2	3	3	4	4
94	9731	9736	9741	9745	9750	9754	9759	9763	9768	9773	0	1	1	2	2	3	3	4	4
95	9777	9782	9786	9791	9795	9800	9805	9809	9814	9818	0	1	1	2	2	3	3	4	4
96	9823	9827	9832	9836	9841	9845	9850	9854	9859	9863	0	1	1	2	2	3	3	4	4
97	9868	9872	9877	9881	9886	9890	9894	9899	9903	9908	0	1	1	2	2	3	3	4	4
98	9912	9917	9921	9926	9930	9934	9939	9943	9948	9952	0	1	1	2	2	3	3	4	4
99	9956	9961	9965	9969	9974	9978	9983	9987	9991	9996	0	1	1	2	2	3	3	3	4

常用对数表使用说明：

（1）整数部分是一位非零数字.

如 lg2.573，查询时需在第 1 列找到“25”然后在其横行找到“7”为 4099，修正值“3”为 5．所以 lg2.573＝0.4104.

（2）整数部分不是一位非零数字的，用科学记数法表示为 $N\times10^n$.

如 $\lg25730=\lg(2.573\times10^4)=\lg2.573+4=4.4104$.

$\lg0.002573=\lg(2.573\times10^{-3})=\lg2.573+(-3)=-2.5896$.